Chinesische Köstlichkeiten
Eine kulinarische Reise durch das Reich der Mitte

Lin Chen

Zusammenfassung

Einführung *10*
Spargel mit Pilzen und Frühlingszwiebeln *12*
Gebratener Spargel *13*
Süß-saurer Spargel *13*
Aubergine mit Basilikum *14*
Geschmorte Aubergine *15*
Geschmorte Auberginen mit Tomaten *16*
Gedämpfte Aubergine *17*
Gefüllte Aubergine *18*
Gebratene Auberginen *19*
Bambussprossen mit Huhn *20*
Gebratene Bambussprossen *21*
Gebratene Bambussprossen *22*
Bambussprossen mit Pilzen *23*
Bambussprossen mit getrockneten Pilzen *24*
Bambussprossen in Austernsauce *25*
Bambussprossen mit Sesamöl *26*
Bambussprossen mit Spinat *27*
Saubohnen anbraten *28*
Grüne Bohnen mit Chili *29*
Gewürzte grüne Bohnen *30*
Gebratene grüne Bohnen *30*
Sautierte Sojabohnen *31*
Die Sojasprossen unter Rühren anbraten *32*
Sojabohnen und Sellerie *33*
Sojabohnen und Paprika *34*
Sojabohnen mit Schweinefleisch *35*
Gebratener Brokkoli *36*
Brokkoli in brauner Soße *37*
Kohl mit Speckstreifen *38*
Kohlcreme *39*
Chinakohl mit Pilzen *40*

Gebratener würziger Kohl	41
Süß-saurer Kohl	42
Süß-saurer Rotkohl	43
Knusprige Algen	44
Karotten in Honig	45
Karotten und Paprika anbraten	46
Gebratener Blumenkohl	47
Blumenkohl mit Pilzen	48
Den Sellerie anbraten	49
Sellerie und Pilze	50
Gebratene chinesische Blätter	51
Chinesische Blätter in Milch	52
Chinesische Blätter mit Pilzen	53
Chinesische Blätter mit Jakobsmuscheln	54
Gedämpfte chinesische Blätter	55
Chinesische Blätter mit Wasserkastanien	56
Gebratene Zucchini	57
Zucchini in schwarzer Bohnensauce	58
Gefüllte Zucchinihäppchen	59
Gurke mit Garnelen	60
Gurken mit Sesamöl	61
Gefüllte Gurken	62
Gebratene Löwenzahnblätter	63
Geschmorter Salat	64
Gebratener Salat mit Ingwer	65
Zuckererbsen mit Bambussprossen	66
Zuckererbsen mit Pilzen und Ingwer	67
Chinesisches Mark	68
Gefülltes Mark	69
Pilze mit Sardellensauce	70
Pilze und Bambussprossen	71
Pilze mit Bambussprossen und Zuckerschoten	72
Pilze mit Zuckererbsen	73
Würzige Pilze	74
Gedämpfte Pilze	75
Gedämpfte gefüllte Pilze	76

Strohpilze in Austernsauce 77
Gebackene Zwiebeln 78
Curryzwiebeln mit Erbsen 79
Perlzwiebeln in Orangen-Ingwer-Sauce 80
Zwiebelcreme 81
Pak Choi 82
Erbsen mit Pilzen 83
Gebratene Paprika 84
Paprika und Bohnen anbraten 85
Mit Fisch gefüllte Paprika 86
Mit Schweinefleisch gefüllte Paprika 87
Mit Gemüse gefüllte Paprika 90
Bratkartoffeln und Karotten 91
Pommes frites 92
Gewürzkartoffeln 93
Kürbis mit Reisnudeln 94
Schalotten in Malzbier 95
Spinat mit Knoblauch 96
Spinat mit Pilzen 97
Spinat mit Ingwer 98
Spinat mit Erdnüssen 99
Gemüse-Chow-Mein 100
Gemischtes Gemüse 101
Gemischtes Gemüse mit Ingwer 102
Frühlingsrollen mit Gemüse 103
Einfaches gebratenes Gemüse 105
Gemüse mit Honig 106
Gebratenes Frühlingsgemüse 107
Gedämpftes mariniertes Gemüse 109
Pflanzliche Überraschungen 110
Gemischtes süß-saures Gemüse 112
Gemüse in Tomatensauce 113
Wasserkastanienkuchen 115
Einfaches gebratenes Hähnchen 117
Hähnchen in Tomatensauce 118
Huhn mit Tomaten 119

Pochiertes Hähnchen mit Tomaten 120
Hähnchen und Tomaten mit schwarzer Bohnensauce 121
Schnell kochendes Hähnchen mit Gemüse 122
Huhn mit Walnüssen 123
Huhn mit Walnüssen 124
Huhn mit Wasserkastanien 125
Pikantes Hähnchen mit Wasserkastanien 126
Hühnchen-Wontons 127
Knusprige Hähnchenflügel 128
Hähnchenflügel mit fünf Gewürzen 129
Marinierte Hähnchenflügel 130
Echte Chicken Wings 132
Gewürzte Hähnchenflügel 133
Gegrillte Hähnchenschenkel 134
Hoisin-Hähnchenschenkel 135
Geschmortes Huhn 136
Knusprig frittiertes Hühnchen 137
Ganzes gebratenes Hähnchen 138
Hähnchen mit fünf Gewürzen 139
Hähnchen mit Ingwer und Frühlingszwiebeln 141
Pochiertes Hähnchen 142
Rotes gekochtes Huhn 143
Rot gekochtes, gewürztes Hähnchen 144
Sesamgebratenes Hähnchen 145
Huhn in Sojasauce 146
Gedämpftes Hähnchen 147
Gedämpftes Hähnchen mit Anis 148
Seltsam schmeckendes Hühnchen 149
Knusprige Hähnchenstücke 150
Huhn mit grünen Bohnen 151
Hühnchen mit Ananas gekocht 152
Hähnchen mit Paprika und Tomaten 153
Sesame Chicken 154
Gebratene Hühner 155
Türkiye mit Zuckerschoten 156
Truthahn mit Paprika 158

Chinesischer Truthahnbraten 160
Truthahn mit Walnüssen und Pilzen 161
Ente mit Bambussprossen 163
Ente mit Sojasprossen 163
Geschmorte Ente 164
Gedämpfte Ente mit Sellerie 165
Ente mit Ingwer 166
Ente mit grünen Bohnen 168
Gebratene gedämpfte Ente 169
Ente mit exotischen Früchten 170
Geschmorte Ente mit chinesischen Blättern 172
Betrunkene Ente 173
Fünf-Gewürze-Ente 174
Gebratene Ente mit Ingwer 175
Ente mit Schinken und Lauch 176
In Honig gebratene Ente 177
Nasse gebratene Ente 178
Gebratene Ente mit Pilzen 179
Ente mit zwei Pilzen 181
Geschmorte Ente mit Zwiebeln 182
Ente in Orangensauce 184
Gebratene Ente mit Orange 185
Ente mit Birnen und Kastanien 186
Pekingente 187
Geschmorte Ente mit Ananas 190
Gebratene Ente mit Ananas 191
Ananas-Ingwer-Ananas 192
Ente mit Ananas und Litschi 193
Ente mit Schweinefleisch und Kastanien 194
Ente mit Kartoffeln 195
Gekochte rote Ente 197
Gebratene Ente in Reiswein 198
Gedämpfte Ente mit Reiswein 199
Gesalzene Ente 200
Gesalzene Ente mit grünen Bohnen 201
Langsam gegarte Ente 202

Gebratene Ente *204*
Ente mit Süßkartoffeln *205*
Süß-saure Ente *207*
Mandarinente *209*
Ente mit Gemüse *209*
Gebratene Ente mit Gemüse *211*
Weiße gekochte Ente *212*
Ente im Wein *213*
Weingedünstete Ente *215*
gebratener Fasan *216*
Fasan mit Mandeln *217*
Wildbret mit getrockneten Pilzen *218*
Gesalzene Eier *219*
Soja-Eier *220*
Tee-Eier *221*
Eiercreme *222*
Gedämpfte Eier *223*

Einführung

Wer gerne kocht, liebt es, mit neuen Gerichten und neuen Geschmackserlebnissen zu experimentieren. Die chinesische Küche erfreut sich in den letzten Jahren großer Beliebtheit, da sie eine vielfältige Geschmacksvielfalt bietet. Die meisten Gerichte werden auf dem Herd zubereitet und viele lassen sich schnell zubereiten und garen, sodass sie ideal für den vielbeschäftigten Koch sind, der in wenig Zeit ein appetitliches und attraktives Gericht zubereiten möchte. Wenn Sie die chinesische Küche wirklich mögen, besitzen Sie wahrscheinlich bereits einen Wok, und dieser ist das perfekte Utensil zum Kochen der meisten Gerichte im Buch. Wenn Sie immer noch nicht davon überzeugt sind, dass diese Art des Kochens das Richtige für Sie ist, probieren Sie die Rezepte mit einer guten Pfanne oder einem Topf aus. Wenn Sie entdecken, wie einfach sie zuzubereiten und wie lecker sie zu essen sind, möchten Sie mit ziemlicher Sicherheit in einen Wok für Ihre Küche investieren.

Spargel mit Pilzen und Frühlingszwiebeln

Für 4 Personen
10 getrocknete chinesische Pilze
225 g Spargel
1 Bund Frühlingszwiebeln (Frühlingszwiebeln), gehackt
600 ml/1 pt/2½ Tassen Hühnerbrühe
5 ml/1 Teelöffel Maismehl (Maisstärke)
15 ml/1 Esslöffel Wasser
5 ml/1 Teelöffel Salz

Die Pilze 30 Minuten in warmem Wasser einweichen, dann abtropfen lassen. Entsorgen Sie die Stiele. Ordnen Sie die Pilze in der Mitte eines Siebs an, dann die Frühlingszwiebeln und den Spargel in einem Kreis, der von der Mitte ausgeht. Die Brühe zum Kochen bringen, dann das Sieb in die Brühe senken, abdecken und etwa 10 Minuten köcheln lassen, bis das Gemüse gerade zart ist. Nehmen Sie das Gemüse heraus und stürzen Sie es auf einen vorgewärmten Servierteller, um das Muster beizubehalten. Die Brühe zum Kochen bringen. Wasser, Speisestärke und Salz zu einer Paste verrühren, zur Brühe geben und unter Rühren köcheln lassen, bis die Soße leicht eindickt. Über das Gemüse gießen und sofort servieren.

Gebratener Spargel

Für 4 Personen

45 ml/3 Esslöffel Erdnussöl (Erdnüsse).
1 Frühlingszwiebel (Frühlingszwiebel), gehackt
450 g Spargel
30 ml/2 Esslöffel Sojasauce
5 ml/1 Teelöffel Zucker
120 ml/4 fl oz/½ Tasse Hühnerbrühe
5 ml/1 Teelöffel Maismehl (Maisstärke)

Das Öl erhitzen und die Frühlingszwiebeln anbraten, bis sie leicht goldbraun sind. Den Spargel dazugeben und 3 Minuten anbraten. Die anderen Zutaten hinzufügen und 4 Minuten unter Rühren braten.

Süß-saurer Spargel

Für 4 Personen

30 ml/2 Esslöffel Erdnussöl (Erdnüsse).
450 g Spargel, schräg geschnitten
60 ml/4 Esslöffel Weinessig
50 g/2 Unzen/¼ Tasse brauner Zucker
15 ml/1 Esslöffel Sojasauce
15 ml/1 Esslöffel Reiswein oder trockener Sherry

5 ml/1 Teelöffel Salz

15 ml/1 Esslöffel Maismehl (Maisstärke)

Das Öl erhitzen und den Spargel 4 Minuten anbraten. Weinessig, Zucker, Sojasauce, Wein oder Sherry und Salz hinzufügen und 2 Minuten unter Rühren braten. Das Maismehl mit etwas Wasser vermischen, in die Pfanne rühren und 1 Minute unter Rühren braten.

Aubergine mit Basilikum

Für 4 Personen

60 ml/4 Esslöffel Erdnussöl (Erdnüsse).

2 Auberginen (Auberginen)

60 ml/4 Esslöffel Wasser

2 Knoblauchzehen, zerdrückt

1 rote Chilischote, schräg geschnitten

45 ml/3 Esslöffel Sojasauce

1 großer Bund Basilikum

Das Öl erhitzen und die Auberginen darin anbraten, bis sie leicht goldbraun sind. Wasser, Knoblauch, Chili und Sojasauce hinzufügen und unter Rühren anbraten, bis die Aubergine Farbe bekommt. Das Basilikum dazugeben und anbraten, bis die Blätter zusammenfallen. Sofort servieren.

Geschmorte Aubergine

Für 4 Personen

1 Aubergine (Aubergine)
Frittieröl
15 ml/1 Esslöffel Erdnussöl (Erdnüsse).
3 Frühlingszwiebeln (Frühlingszwiebeln), gehackt
1 Scheibe Ingwerwurzel, gehackt
90 ml/6 Esslöffel Hühnerbrühe
15 ml/1 Esslöffel Reiswein oder trockener Sherry
15 ml/1 Esslöffel Sojasauce
15 ml/1 Esslöffel schwarze Bohnensauce
15 ml/1 Esslöffel brauner Zucker

Die Aubergine schälen und in große Würfel schneiden. Das Öl erhitzen und die Auberginen darin braten, bis sie weich und leicht goldbraun sind. Herausnehmen und gut abtropfen lassen.

Das Öl erhitzen und die Frühlingszwiebeln und den Ingwer anbraten, bis sie leicht gebräunt sind. Die Aubergine dazugeben und gut vermischen. Brühe, Wein oder Sherry, Sojasauce, schwarze Bohnensauce und Zucker hinzufügen. 2 Minuten unter Rühren braten.

Geschmorte Auberginen mit Tomaten

Für 4 Personen

6 Scheiben Speck
2 Knoblauchzehen, zerdrückt
2 Frühlingszwiebeln (Frühlingszwiebeln), gehackt
1 Aubergine (Aubergine), geschält und gewürfelt
4 Tomaten, geschält und geviertelt
Salz und frisch gemahlener Pfeffer

Entfernen Sie die Schwarte vom Speck und schneiden Sie ihn in Stücke. Goldbraun braten. Den Knoblauch und die Frühlingszwiebeln hinzufügen und 2 Minuten braten. Die Aubergine dazugeben und etwa 5 Minuten anbraten, bis sie leicht weich ist. Die Tomaten vorsichtig vermischen und mit Salz und Pfeffer würzen. Bei schwacher Hitze vorsichtig umrühren, bis alles durchgeheizt ist.

Gedämpfte Aubergine

Für 4 Personen

1 Aubergine (Aubergine)
30 ml/2 Esslöffel Sojasauce
5 ml/1 Teelöffel Erdnussöl.

Schneiden Sie die Auberginenschale mehrmals ab und legen Sie sie in eine Auflaufform. Auf ein Gitter im Dampfgarer legen und über kochendem Wasser etwa 25 Minuten lang dämpfen, bis es weich ist. Etwas abkühlen lassen, dann die Haut abziehen und das Fruchtfleisch in Stücke reißen. Mit Sojasauce und Öl bestreuen und gut vermischen. Heiß oder kalt servieren.

Gefüllte Aubergine

Für 4 Personen

4 getrocknete chinesische Pilze
225 g gehacktes (gemahlenes) Schweinefleisch.
2 Frühlingszwiebeln (Frühlingszwiebeln), gehackt
1 Scheibe Ingwerwurzel, gehackt
30 ml/2 Esslöffel Sojasauce
15 ml/1 Esslöffel Reiswein oder trockener Sherry
5 ml/1 Teelöffel Zucker
1 Aubergine (Aubergine), der Länge nach halbieren

Die Pilze 30 Minuten in warmem Wasser einweichen, dann abtropfen lassen. Die Stiele entfernen und die Kappen hacken. Mit Schweinefleisch, Frühlingszwiebeln, Ingwer, Sojasauce, Wein oder Sherry und Zucker vermischen. Die Kerne der Aubergine aushöhlen, sodass eine hohle Form entsteht. Mit der Schweinefleischmischung füllen und in einer Auflaufform anrichten. Auf einen Rost im Dampfgarer legen und 30 Minuten lang über kochendem Wasser dämpfen, bis es weich ist.

Gebratene Auberginen

Für 4–6 Personen

4 getrocknete chinesische Pilze

1 Aubergine (Aubergine), geschält und gewürfelt

30 ml/2 Esslöffel Maismehl (Maisstärke)

Frittieröl

45 ml/3 Esslöffel Erdnussöl (Erdnüsse).

50 g gekochtes Hähnchen, gewürfelt

50 g geräucherter Schinken, gewürfelt

50 g Bambussprossen, gehackt

50 g/2 Unzen/½ Tasse gehackte gemischte Nüsse

5 ml/1 Teelöffel Salz

5 ml/1 Teelöffel Zucker

30 ml/2 Esslöffel Sojasauce

30 ml/2 Esslöffel Reiswein oder trockener Sherry

Die Pilze 30 Minuten in warmem Wasser einweichen, dann abtropfen lassen. Entfernen Sie die Stiele und schneiden Sie die Kappen in Scheiben. Die Auberginen leicht mit Maismehl bestreichen. Das Öl erhitzen und die Auberginen goldbraun braten. Aus der Pfanne nehmen und gut abtropfen lassen. Öl erhitzen und Hähnchen, Schinken, Bambussprossen und

Walnüsse anbraten. Die anderen Zutaten hinzufügen und 3 Minuten unter Rühren braten. Geben Sie die Auberginen wieder in die Pfanne und braten Sie sie an, bis sie gut gegart sind.

Bambussprossen mit Huhn

Für 4 Personen

50 g Hühnerfleisch, gehackt (gemahlen)
50 g geräucherter Schinken, gehackt (gemahlen)
50 g Wasserkastanien, gehackt (gemahlen)
2 Eiweiß
15 ml/1 Esslöffel Maismehl (Maisstärke)
225 g Bambussprossen, in dicke Streifen geschnitten
15 ml/1 EL gehackte glatte Petersilie

Hähnchen, Schinken und Wasserkastanien vermischen. Eiweiß und Maisstärke vermischen und zu den gehackten Zutaten geben. Die Bambussprossen in die Mischung geben, bis sie gut bedeckt sind, dann in einer Auflaufform anrichten. Auf einen Rost im Dampfgarer stellen, abdecken und 15 Minuten über kochendem Wasser dämpfen. Mit Petersilie garniert servieren.

Gebratene Bambussprossen

Für 4 Personen

Frittieröl

225 g Bambussprossen, in Streifen geschnitten

15 ml/1 Esslöffel Erdnussöl (Erdnüsse).

15 ml/1 Esslöffel brauner Zucker

15 ml/1 Esslöffel Sojasauce

10 ml/2 Teelöffel Maismehl (Maisstärke)

90 ml/6 Esslöffel Wasser

Das Öl erhitzen und die Bambussprossen goldbraun braten. Gut abtropfen lassen. Erdnussöl erhitzen und die Bambussprossen unter Rühren anbraten, bis sie mit Öl bedeckt sind. Zucker, Sojasauce, Speisestärke und Wasser vermischen, in die Pfanne rühren und unter Rühren braten, bis alles durchgeheizt ist.

Gebratene Bambussprossen

Für 4 Personen

90 ml/6 Esslöffel Erdnussöl (Erdnüsse).
1 Frühlingszwiebel, in Streifen geschnitten
1 Knoblauchzehe, zerdrückt
1 rote Chilischote, in Streifen geschnitten
225 g Bambussprossen
15 ml/1 Esslöffel dicke Sojasauce
2,5 ml/½ Teelöffel Sesamöl

Das Öl erhitzen und Frühlingszwiebel, Knoblauch und Chili 30 Sekunden anbraten. Die Bambussprossen dazugeben und unter Rühren anbraten, bis sie weich und gut mit Gewürzen bedeckt sind. Sojasauce und Sesamöl hinzufügen und weitere 3 Minuten braten. Sofort servieren.

Bambussprossen mit Pilzen

Für 4 Personen

8 getrocknete chinesische Pilze
45 ml/3 Esslöffel Erdnussöl (Erdnüsse).
350 g Bambussprossen, in Streifen geschnitten
30 ml/2 Esslöffel Sojasauce
5 ml/1 Teelöffel brauner Zucker
15 ml/1 Esslöffel Maismehl (Maisstärke)
45 ml/3 Esslöffel Wasser

Die Pilze 30 Minuten in warmem Wasser einweichen, dann abtropfen lassen. Entfernen Sie die Stiele und schneiden Sie die Kappen in Scheiben. Das Öl erhitzen und die Pilze 2 Minuten anbraten. Die Bambussprossen hinzufügen und 3 Minuten lang anbraten. Sojasauce und Zucker hinzufügen und gut verrühren, bis alles durchgewärmt ist. Geben Sie das Gemüse mit einem Schaumlöffel auf eine vorgewärmte Servierplatte. Maismehl und Wasser zu einer Paste vermischen und in die Pfanne rühren. Unter Rühren köcheln lassen, bis die Sauce heller und dicker wird, dann über das Gemüse gießen und sofort servieren.

Bambussprossen mit getrockneten Pilzen

Für 4 Personen

6 getrocknete chinesische Pilze
250 ml/8 fl oz/1 Tasse Hühnerbrühe
15 ml/1 Esslöffel Reiswein oder trockener Sherry
15 ml/1 Esslöffel Sojasauce
15 ml/1 Esslöffel Erdnussöl (Erdnüsse).
225 g Bambussprossen, in Scheiben geschnitten
15 ml/1 Esslöffel Maismehl (Maisstärke)

Die Pilze 30 Minuten in warmem Wasser einweichen, dann abtropfen lassen. Entfernen Sie die Stiele und schneiden Sie die Kappen in Scheiben. Die Pilzköpfe mit der Hälfte der Brühe, dem Wein oder Sherry und der Sojasauce in einen Topf geben. Aufkochen, abdecken und ca. 10 Minuten köcheln lassen, bis eine dicke Masse entsteht. Das Öl hinzufügen und bei mittlerer Hitze 2 Minuten lang rühren. Die Bambussprossen hinzufügen und 3 Minuten lang anbraten. Das Maismehl in die restliche Brühe einrühren und in die Pfanne rühren. Unter Rühren zum Kochen bringen und dann etwa 4 Minuten köcheln lassen, bis die Sauce eindickt und klar wird.

Bambussprossen in Austernsauce

Für 4 Personen

15 ml/1 Esslöffel Erdnussöl (Erdnüsse).
350 g Bambussprossen, in Streifen geschnitten
250 ml/8 fl oz/1 Tasse Hühnerbrühe
15 ml/1 Esslöffel Austernsauce
5 ml/1 Teelöffel Sojasauce
2,5 ml/½ Teelöffel brauner Zucker
2,5 ml/½ Teelöffel Sesamöl

Das Öl erhitzen und die Bambussprossen 1 Minute lang anbraten. Brühe, Austernsauce, Sojasauce und Zucker hinzufügen und zum Kochen bringen. Etwa 10 Minuten köcheln lassen, bis die Bambussprossen weich sind und die Flüssigkeit reduziert ist. Mit Sesamöl bestreut servieren.

Bambussprossen mit Sesamöl

Für 4 Personen

100 g Sojasprossen

45 ml/3 Esslöffel Erdnussöl (Erdnüsse).

225 g Bambussprossen

5 ml/1 Teelöffel Salz

5 ml/1 Teelöffel Sesamöl

Die Sojasprossen in kochendem Wasser etwa 10 Minuten kochen, bis sie weich, aber noch knusprig sind. Gut abtropfen lassen. In der Zwischenzeit das Öl erhitzen und die Bambussprossen in der Pfanne ca. 5 Minuten braten, bis sie weich, aber noch knusprig sind. Salz hinzufügen, gut vermischen und mit den Sojasprossen auf einem vorgewärmten Teller anrichten. Mit Sesamöl bestreuen und servieren.

Bambussprossen mit Spinat

Für 4 Personen

45 ml/3 Esslöffel Erdnussöl (Erdnüsse).

450 g Bambussprossen

5 ml/1 Teelöffel Reiswein oder trockener Sherry

Prise Salz

120 ml/4 fl oz/½ Tasse Hühnerbrühe

100 g Spinat

2,5 ml/½ Teelöffel Sesamöl

Das Öl erhitzen und die Bambussprossen etwa 1 Minute braten. Wein oder Sherry, Salz und Brühe hinzufügen, aufkochen und 3 Minuten köcheln lassen. Den Spinat dazugeben und köcheln lassen, bis der Spinat zusammengefallen und die Flüssigkeit etwas reduziert ist. In eine vorgewärmte Servierschüssel geben und mit Sesamöl bestreut servieren.

Saubohnen anbraten

Für 4 Personen

450 g geschälte Saubohnen
60 ml/4 Esslöffel Erdnussöl (Erdnüsse).
5 ml/1 Teelöffel Salz
10 ml/2 Teelöffel brauner Zucker
75 ml/5 Esslöffel Hühnerbrühe
Salz
2 Frühlingszwiebeln (Frühlingszwiebeln), gehackt

Die Bohnen in einen Topf geben, knapp mit Wasser bedecken, zum Kochen bringen und köcheln lassen, bis sie weich sind. Gut abtropfen lassen.

Erhitzen Sie das Öl, fügen Sie dann die Bohnen hinzu und rühren Sie, bis sie gut mit dem Öl bedeckt sind. Zucker und Brühe hinzufügen und mit Salz abschmecken. 3 Minuten unter Rühren braten. Frühlingszwiebeln unterrühren und servieren.

Grüne Bohnen mit Chili

Für 4 Personen

45 ml/3 Esslöffel Erdnussöl (Erdnüsse).
2 getrocknete rote Chilischoten
2 Zwiebeln, gehackt
450 g grüne Bohnen

Erhitzen Sie das Öl mit den Chilis und braten Sie sie an, bis sie ihre Farbe ändern. Nehmen Sie sie dann aus der Pfanne. Die Zwiebeln dazugeben und anbraten, bis sie leicht gebräunt sind. In der Zwischenzeit die Bohnen 2 Minuten in kochendem Wasser blanchieren und anschließend gut abtropfen lassen. Zu den Zwiebeln geben und 10 Minuten braten, bis sie weich, aber noch knusprig und gut mit dem Gewürzöl bedeckt sind.

Gewürzte grüne Bohnen

Für 4 Personen

450 g grüne Bohnen
15 ml/1 Esslöffel Salz
5 ml/1 Teelöffel gemahlener Anis
5 ml/1 Teelöffel frisch gemahlener roter Pfeffer

Alle Zutaten in einen großen Topf geben und knapp mit Wasser bedecken. Zum Kochen bringen und etwa 8 Minuten köcheln lassen, bis die Bohnen gerade weich sind. Vor dem Servieren gut abtropfen lassen.

Gebratene grüne Bohnen

Für 4 Personen

45 ml/3 Esslöffel Erdnussöl (Erdnüsse).
5 ml/1 Teelöffel Salz
450 g grüne Bohnen, in Stücke geschnitten
120 ml/4 fl oz/½ Tasse Hühnerbrühe
15 ml/1 Esslöffel Sojasauce

Öl und Salz erhitzen, dann die Bohnen hinzufügen und 2 Minuten braten. Brühe und Sojasauce dazugeben, aufkochen und zugedeckt ca. 5 Minuten köcheln lassen, bis die Bohnen weich, aber noch leicht knackig sind.

Sautierte Sojabohnen

Für 4 Personen

15 ml/1 Esslöffel Erdnussöl (Erdnüsse).
450 g Sojasprossen
15 ml/1 Esslöffel Sojasauce
Salz und frisch gemahlener Pfeffer

Das Öl erhitzen und die Sojasprossen etwa 3 Minuten in der Pfanne braten. Sojasauce, Salz und Pfeffer hinzufügen und gut vermischen. Abdecken und 5 Minuten köcheln lassen, dann den Deckel abnehmen und eine weitere Minute köcheln lassen.

Die Sojasprossen unter Rühren anbraten

Für 4 Personen

15 ml/1 Esslöffel Erdnussöl (Erdnüsse).
2,5 ml/½ Teelöffel Salz
1 Knoblauchzehe, zerdrückt
450 g Sojasprossen
3 Frühlingszwiebeln (Frühlingszwiebeln), gehackt
60 ml/4 Esslöffel Hühnerbrühe
5 ml/1 Teelöffel Zucker
5 ml/1 Teelöffel Sojasauce

Öl, Salz und Knoblauch erhitzen, bis der Knoblauch leicht gebräunt ist. Sojasprossen und Frühlingszwiebeln dazugeben und 2 Minuten unter Rühren anbraten. Die anderen Zutaten dazugeben und einige Minuten unter Rühren braten, bis die gesamte Flüssigkeit verdampft ist.

Sojabohnen und Sellerie

Für 4 Personen

450 g Sojasprossen

45 ml/3 Esslöffel Erdnussöl (Erdnüsse).

4 Selleriestangen, in Streifen geschnitten

5 ml/1 Teelöffel Salz

15 ml/1 Esslöffel Sojasauce

90 ml/6 Esslöffel Hühnerbrühe

Die Sojasprossen 3 Minuten in kochendem Wasser blanchieren und dann abtropfen lassen. Das Öl erhitzen und den Sellerie 1 Minute anbraten. Die Sojasprossen hinzufügen und 1 Minute lang anbraten. Die restlichen Zutaten hinzufügen, aufkochen, abdecken und vor dem Servieren 3 Minuten köcheln lassen.

Sojabohnen und Paprika

Für 4 Personen

225 g Sojasprossen

45 ml/3 Esslöffel Erdnussöl (Erdnüsse).

2 getrocknete Chilis

1 Scheibe Ingwerwurzel, gehackt

1 rote Paprika, in Streifen geschnitten

1 grüne Paprika, in Streifen geschnitten

90 ml/6 Esslöffel Hühnerbrühe

Die Sojasprossen 3 Minuten in kochendem Wasser blanchieren und dann abtropfen lassen. Erhitzen Sie das Öl und braten Sie die ganzen Chilis etwa 3 Minuten lang an, dann entfernen Sie die Paprika. Den Ingwer und die Paprika in die Pfanne geben und 3 Minuten lang anbraten. Die Sojasprossen hinzufügen und 2 Minuten unter Rühren braten. Die Brühe hinzufügen, zum Kochen bringen, abdecken und vor dem Servieren 3 Minuten köcheln lassen.

Sojabohnen mit Schweinefleisch

Für 4 Personen

450 g Sojasprossen
100 g mageres Schweinefleisch, in Streifen geschnitten
15 ml/1 Esslöffel Maismehl (Maisstärke)
15 ml/1 Esslöffel Reiswein
15 ml/1 Esslöffel Sojasauce
5 ml/1 Teelöffel Zucker
2,5 ml/½ Teelöffel Salz
30 ml/2 Esslöffel Erdnussöl (Erdnüsse).
75 ml/5 Esslöffel Hühnerbrühe

Die Sojasprossen 3 Minuten in kochendem Wasser blanchieren und dann abtropfen lassen. Das Schweinefleisch mit Maismehl, Wein oder Sherry, Sojasauce, Zucker und Salz vermischen und 30 Minuten ruhen lassen. Die Hälfte des Öls erhitzen und die Sojasprossen 1 Minute lang anbraten. Aus der Pfanne nehmen. Das restliche Öl erhitzen und das Schweinefleisch in der Pfanne anbraten, bis es leicht gebräunt ist. Die Brühe hinzufügen, abdecken und 3 Minuten köcheln lassen. Geben Sie die Sojasprossen wieder in die Pfanne und rühren Sie, bis sie durchgewärmt sind. Sofort servieren.

Gebratener Brokkoli

Für 4 Personen

45 ml/3 Esslöffel Erdnussöl (Erdnüsse).
1 Frühlingszwiebel (Frühlingszwiebel), gehackt
450 g Brokkoliröschen
30 ml/2 Esslöffel Sojasauce
5 ml/1 Teelöffel Zucker
120 ml/4 fl oz/½ Tasse Hühnerbrühe
5 ml/1 Teelöffel Maismehl (Maisstärke)

Das Öl erhitzen und die Frühlingszwiebeln anbraten, bis sie leicht goldbraun sind. Brokkoli dazugeben und 3 Minuten braten. Die anderen Zutaten hinzufügen und 2 Minuten unter Rühren braten.

Brokkoli in brauner Soße

Für 4 Personen

225 g Brokkoliröschen

30 ml/2 Esslöffel Erdnussöl (Erdnüsse).

1 Knoblauchzehe, zerdrückt

100 g Bambussprossen, in Scheiben geschnitten

250 ml/8 fl oz/1 Tasse Hühnerbrühe

15 ml/1 Esslöffel Sojasauce

15 ml/1 Esslöffel Austernsauce

15 ml/1 Esslöffel Maismehl (Maisstärke)

30 ml/2 Esslöffel Reiswein oder trockener Sherry

Den Brokkoli 4 Minuten in kochendem Wasser blanchieren und dann gut abtropfen lassen. Das Öl erhitzen und den Knoblauch goldbraun braten. Brokkoli und Bambussprossen hinzufügen und 1 Minute lang anbraten. Brühe, Sojasauce und Austernsauce hinzufügen, aufkochen und zugedeckt 4 Minuten köcheln lassen. Maismehl und Wein oder Sherry vermischen, in die Pfanne rühren und unter Rühren köcheln lassen, bis die Soße eindickt.

Kohl mit Speckstreifen

Für 4 Personen

350g Kohl, fein gehackt

Salz

3 Scheiben durchwachsener Speck, geschält und in Streifen geschnitten

30 ml/2 Esslöffel Erdnussöl (Erdnüsse).

2 Knoblauchzehen

5 ml/1 Teelöffel geriebene Ingwerwurzel

5 ml/1 Teelöffel Zucker

120 ml/4 fl oz/½ Tasse Hühner- oder Gemüsebrühe

Den Kohl mit Salz bestreuen und 15 Minuten ruhen lassen. Den Speck knusprig braten. Das Öl erhitzen und den Knoblauch anbraten, bis er leicht goldbraun ist, dann wegwerfen. Den Kohl mit Ingwer und Zucker in die Pfanne geben und 2 Minuten unter Rühren anbraten. Brühe und Speck hinzufügen und weitere 2 Minuten braten. Mit gebratenem Reis servieren.

Kohlcreme

Für 4 Personen

450 g Pak Choi
45 ml/3 Esslöffel Erdnussöl (Erdnüsse).
250 ml/8 fl oz/1 Tasse Hühnerbrühe
Salz
15 ml/1 Esslöffel Maismehl (Maisstärke)
50 g geräucherter Schinken, gewürfelt

Den Kohl in 5 cm/2 cm breite Streifen schneiden. Das Öl erhitzen und den Kohl 3 Minuten anbraten. Die Brühe hinzufügen und mit Salz würzen. Aufkochen, abdecken und 4 Minuten köcheln lassen. Die Speisestärke mit etwas Wasser verrühren, in die Pfanne geben und unter Rühren köcheln lassen, bis die Soße eindickt. Auf eine vorgewärmte Servierplatte geben und mit Schinken bestreut servieren.

Chinakohl mit Pilzen

Für 4 Personen

6 getrocknete chinesische Pilze
45 ml/3 Esslöffel Erdnussöl (Erdnüsse).
1 Pak Choi, gewürfelt
1 rote Paprika, gewürfelt
1 grüne Paprika, gewürfelt
225g Knoblauchwurst, gewürfelt
120 ml/4 fl oz/½ Tasse Hühnerbrühe
45 ml/3 Esslöffel Weinessig
20 ml/4 Teelöffel Sojasauce
20 ml/4 Teelöffel Honig
5 ml/1 Teelöffel Maismehl (Maisstärke)
Salz und frisch gemahlener Pfeffer
20 ml/2 Esslöffel gehackter Schnittlauch

Die Pilze 30 Minuten in warmem Wasser einweichen, dann abtropfen lassen. Die Stiele entfernen und die Kappen hacken. Öl erhitzen und Pilze, Kohl und Paprika 5 Minuten anbraten. Die Knoblauchwurst dazugeben und kurz anbraten. Die Brühe mit Weinessig, Sojasauce, Honig und Maisstärke verrühren. In die Pfanne einrühren und zum Kochen bringen. Mit Salz und Pfeffer würzen und unter Rühren köcheln lassen, bis die Sauce eindickt. Mit Schnittlauch bestreut servieren.

Gebratener würziger Kohl

Für 4 Personen

450 g Kohl, gehackt

30 ml/2 Esslöffel Erdnussöl (Erdnüsse).

2 Knoblauchzehen, zerdrückt

1 Scheibe Ingwerwurzel, gehackt

15 ml/1 Esslöffel Austernsauce

15 ml/1 Esslöffel Sojasauce

15 ml/1 EL Chilibohnensauce

5 ml/1 Teelöffel Sesamöl

Den Kohl in kochendem Salzwasser 2 Minuten blanchieren. Gut abtropfen lassen. Erhitzen Sie das Öl und braten Sie den Knoblauch und den Ingwer einige Sekunden lang an, bis sie leicht gebräunt sind. Den Kohl dazugeben und 2 Minuten unter Rühren anbraten. Die restlichen Zutaten hinzufügen und weitere 2 Minuten unter Rühren braten.

Süß-saurer Kohl

Für 4 Personen

15 ml/1 Esslöffel Erdnussöl (Erdnüsse).

1 Kohl, gehackt

5 ml/1 Teelöffel Salz

30 ml/2 Esslöffel Weinessig

30 ml/2 Esslöffel Zucker

15 ml/1 Esslöffel Sojasauce

15 ml/1 Esslöffel Maismehl (Maisstärke)

45 ml/3 Esslöffel Wasser

Das Öl erhitzen und den Kohl 3 Minuten anbraten. Fügen Sie Salz hinzu und braten Sie weiter, bis der Kohl gerade zart ist. Weinessig, Zucker, Sojasauce, Maismehl und Wasser zu einer Paste verrühren, in die Pfanne geben und unter Rühren köcheln lassen, bis die Sauce den Kohl bedeckt.

Süß-saurer Rotkohl

Für 4 Personen

30 ml/2 Esslöffel Erdnussöl (Erdnüsse).

450g Rotkohl, gehackt

50 g/2 Unzen/¼ Tasse brauner Zucker

45 ml/ 3 Esslöffel Weinessig

15 ml/1 Esslöffel Sojasauce

5 ml/ 1 Teelöffel Salz

15 ml/1 Esslöffel Maismehl (Maisstärke)

Das Öl erhitzen und den Kohl 4 Minuten anbraten. Zucker, Weinessig, Sojasauce und Salz hinzufügen und 2 Minuten unter Rühren braten. Die Speisestärke mit etwas Wasser vermischen und 1 Minute unter Rühren braten.

Knusprige Algen

Für 4 Personen

750 g Frühlingsgrün, sehr fein gehackt
Frittieröl
5 ml/1 Teelöffel Salz
10 ml/2 Teelöffel Puderzucker

Spülen Sie das Gemüse ab und trocknen Sie es anschließend gründlich ab. Das Öl erhitzen und das Gemüse darin portionsweise bei mittlerer Hitze anbraten, bis es an der Oberfläche schwimmt. Aus dem Öl nehmen und auf Küchenpapier gut abtropfen lassen. Mit Salz und Zucker bestreuen und vorsichtig vermischen. Kalt servieren.

Karotten in Honig

Für 4 Personen

1 kg kleine Frühlingskarotten
20 ml/4 Teelöffel Erdnussöl (Erdnüsse).
20 ml/4 Teelöffel ungesalzene Butter
15 ml/1 Esslöffel Wasser
10 ml/2 Teelöffel Honig
15 ml/1 Esslöffel gehackter frischer Koriander
100 g Pinienkerne
Salz und frisch gemahlener Pfeffer

Die Karotten waschen und das Grün auf 5 mm/¼ Zoll schneiden. Öl und Butter erhitzen, Wasser und Honig hinzufügen und zum Kochen bringen. Die Karotten dazugeben und etwa 4 Minuten kochen lassen. Koriander und Pinienkerne hinzufügen und mit Salz und Pfeffer würzen.

Karotten und Paprika anbraten

Für 4 Personen

30 ml/2 Esslöffel Erdnussöl (Erdnüsse).
2,5 ml/½ Teelöffel Salz
4 Karotten, in Scheiben geschnitten
1 grüne Paprika, in Streifen geschnitten
30 ml/2 Esslöffel Zucker
15 ml/1 Esslöffel Weinessig
250 ml/8 fl oz/1 Tasse Hähnchenschenkel
15 ml/1 Esslöffel Maismehl (Maisstärke)

Öl und Salz erhitzen, dann die Karotten und Pfeffer dazugeben und 3 Minuten unter Rühren anbraten. Zucker, Weinessig und die Hälfte der Brühe hinzufügen, aufkochen und zugedeckt 5 Minuten köcheln lassen. Das Maismehl in die restliche Brühe einrühren, in die Pfanne geben und unter Rühren köcheln lassen, bis die Sauce eindickt und klar wird.

Gebratener Blumenkohl

Für 4 Personen

450 g Blumenkohlröschen
45 ml/3 Esslöffel Erdnussöl (Erdnüsse).
1 Frühlingszwiebel (Frühlingszwiebel), gehackt
120 ml/4 fl oz/½ Tasse Hühnerbrühe
5 ml/1 Teelöffel Maismehl (Maisstärke)

Den Blumenkohl 2 Minuten in kochendem Wasser blanchieren, dann gut abtropfen lassen. Das Öl erhitzen und die Frühlingszwiebeln anbraten, bis sie leicht goldbraun sind. Den Blumenkohl dazugeben und 4 Minuten braten. Die anderen Zutaten hinzufügen und 2 Minuten unter Rühren braten.

Blumenkohl mit Pilzen

Für 4 Personen

6 getrocknete chinesische Pilze
1 kleiner Blumenkohl
45 ml/3 Esslöffel Erdnussöl (Erdnüsse).
100 g Wasserkastanien, in Scheiben geschnitten
45 ml/3 Esslöffel Sojasauce
15 ml/1 Esslöffel Reiswein oder trockener Sherry
5 ml/1 Teelöffel Maismehl (Maisstärke)
30 ml/2 Esslöffel Wasser

Die Pilze 30 Minuten in warmem Wasser einweichen, dann abgießen und 120 ml/4 fl oz/½ Tasse Flüssigkeit auffangen. Entfernen Sie die Stiele und schneiden Sie die Kappen in Scheiben. Den Blumenkohl in kleine Röschen schneiden. Das Öl erhitzen und die Pilze anbraten, bis sie mit Öl bedeckt sind. Die Wasserkastanien dazugeben und 1 Minute lang anbraten. Sojasauce und Wein oder Sherry mit der Pilzflüssigkeit vermischen und mit dem Blumenkohl in die Pfanne geben. Aufkochen, abdecken und 5 Minuten köcheln lassen. Maismehl und Wasser zu einer Paste verrühren, zur Soße geben und unter Rühren köcheln lassen, bis die Soße eindickt.

Den Sellerie anbraten

Für 4 Personen

30 ml/2 Esslöffel Erdnussöl (Erdnüsse).

6 Frühlingszwiebeln (Frühlingszwiebeln), gehackt

½ Sellerieknolle, in Stücke geschnitten

15 ml/1 Esslöffel Sojasauce

5 ml/1 Teelöffel Salz

Das Öl erhitzen und die Frühlingszwiebeln anbraten, bis sie leicht goldbraun sind. Den Sellerie hinzufügen und umrühren, bis er gut mit Öl bedeckt ist. Sojasauce und Salz hinzufügen, gut vermischen, abdecken und 3 Minuten köcheln lassen.

Sellerie und Pilze

Für 4 Personen

45 ml/3 Esslöffel Erdnussöl (Erdnüsse).
6 Selleriestangen, schräg geschnitten
225 g Champignons, in Scheiben geschnitten
30 ml/2 Esslöffel Reiswein oder trockener Sherry
Salz und frisch gemahlener Pfeffer

Das Öl erhitzen und den Sellerie 3 Minuten braten. Die Pilze dazugeben und 2 Minuten unter Rühren anbraten. Den Wein oder Sherry dazugeben und mit Salz und Pfeffer würzen. Einige Minuten unter Rühren braten, bis alles durchgeheizt ist.

Gebratene chinesische Blätter

Für 4 Personen

15 ml/1 Esslöffel Erdnussöl (Erdnüsse).

1 Knoblauchzehe, gehackt

3 Frühlingszwiebeln (Frühlingszwiebeln), gehackt

350 g/12 Unzen chinesische Blätter, gehackt

2,5 ml/½ Teelöffel Salz

450 ml/¾ pt kochendes Wasser

Das Öl erhitzen und den Knoblauch und die Zwiebel anbraten, bis sie leicht gebräunt sind. Die chinesischen Blätter und das Salz hinzufügen und gut vermischen. Das kochende Wasser dazugeben, erneut aufkochen lassen, abdecken und etwa 5 Minuten köcheln lassen, bis die Chinablätter zart, aber noch knusprig sind. Gut abtropfen lassen.

Chinesische Blätter in Milch

Für 4 Personen

350 g/12 Unzen chinesische Blätter, gehackt
45 ml/3 Esslöffel Erdnussöl (Erdnüsse).
3 Frühlingszwiebeln (Frühlingszwiebeln), gehackt
15 ml/1 Esslöffel Reiswein oder trockener Sherry
90 ml/6 Esslöffel Hühnerbrühe
Salz
90 ml/6 Esslöffel Milch
15 ml/1 Esslöffel Maismehl (Maisstärke)
5 ml/1 Teelöffel Sesamöl

Die chinesischen Blätter etwa 5 Minuten lang dämpfen, bis sie gerade zart sind. Das Öl erhitzen und die Frühlingszwiebeln anbraten, bis sie leicht goldbraun sind. Wein oder Sherry und Hühnerbrühe hinzufügen und mit Salz würzen. Kohl einrühren, abdecken und 5 Minuten köcheln lassen. Milch und Maismehl vermischen, in die Pfanne rühren und unter Rühren 2 Minuten köcheln lassen. Mit Sesamöl bestreut servieren.

Chinesische Blätter mit Pilzen

Für 4 Personen

50 g getrocknete chinesische Pilze
450 g/1 Pfund chinesische Blätter
45 ml/3 Esslöffel Erdnussöl (Erdnüsse).
120 ml/4 fl oz/½ Tasse Hühnerbrühe
15 ml/1 Esslöffel Sojasauce
5 ml/1 Teelöffel Salz
5 ml/1 Teelöffel Zucker
15 ml/1 Esslöffel Maismehl (Maisstärke)
10 ml/2 Teelöffel Sesamöl

Die Pilze 30 Minuten in warmem Wasser einweichen, dann abtropfen lassen. Entfernen Sie die Stiele und schneiden Sie die Kappen in Scheiben. Den Kopf der Chinablätter in dicke Scheiben schneiden. Die Hälfte des Öls erhitzen, die Chinablätter dazugeben und 2 Minuten unter Rühren braten. Hühnerbrühe, Sojasauce, Salz und Zucker hinzufügen und etwa 4 Minuten unter Rühren braten. Die Pilze dazugeben und unter Rühren anbraten, bis das Gemüse weich ist. Die Speisestärke mit etwas Wasser verrühren, zur Soße geben und unter Rühren köcheln lassen, bis die Soße heller wird und eindickt. Mit Sesamöl bestreut servieren.

Chinesische Blätter mit Jakobsmuscheln

Für 4 Personen

4 chinesische Herzblätter
600 ml/1 pt/2½ Tassen Hühnerbrühe
100 g geschälte Jakobsmuscheln, in Scheiben geschnitten
5 ml/1 Teelöffel Maismehl (Maisstärke)

Die chinesischen Blätter und die Brühe in einen Topf geben, zum Kochen bringen und etwa 10 Minuten köcheln lassen, bis sie weich sind. Die chinesischen Blätter auf einen vorgewärmten Servierteller geben und warm halten. Gießen Sie alles bis auf 250 ml/8 fl oz/1 Tasse Brühe hinzu. Die Jakobsmuscheln hinzufügen und einige Minuten köcheln lassen, bis die Jakobsmuscheln weich sind. Die Speisestärke mit etwas Wasser verrühren, in die Pfanne geben und unter Rühren köcheln lassen, bis die Soße leicht eindickt. Über die chinesischen Blätter gießen und servieren.

Gedämpfte chinesische Blätter

Für 4 Personen

450 g chinesische Blätter, getrennt
15 ml/1 Esslöffel Maismehl (Maisstärke)
5 ml/1 Teelöffel Salz
300 ml/½ pt/1¼ Tassen Hühnerbrühe

Ordnen Sie die Blätter in einer ofenfesten Schüssel an, legen Sie sie auf ein Gitter im Dampfgarer und dämpfen Sie sie 15 Minuten lang über kochendem Wasser. In der Zwischenzeit Speisestärke, Salz und Brühe bei schwacher Hitze vermischen, aufkochen und unter Rühren köcheln lassen, bis die Masse eindickt. Die chinesischen Blätter auf einem vorgewärmten Teller anrichten, die Soße darübergießen und servieren.

Chinesische Blätter mit Wasserkastanien

Für 4 Personen

450 g chinesische Blätter, gehackt
45 ml/3 Esslöffel Erdnussöl (Erdnüsse).
100 g Wasserkastanien, in Scheiben geschnitten
250 ml/8 fl oz/1 Tasse Hühnerbrühe
15 ml/1 Esslöffel Sojasauce
15 ml/1 Esslöffel Maismehl (Maisstärke)
15 ml/1 Esslöffel Wasser

Blanchieren Sie die chinesischen Blätter zwei Minuten lang in kochendem Wasser und lassen Sie sie dann abtropfen. Das Öl erhitzen und die Wasserkastanien in einer Pfanne 2 Minuten anbraten. Die chinesischen Blätter hinzufügen und 3 Minuten lang braten. Hühnerbrühe und Sojasauce hinzufügen, zum Kochen bringen, abdecken und 5 Minuten köcheln lassen. Maismehl und Wasser zu einer Paste vermischen, in die Pfanne rühren und unter Rühren köcheln lassen, bis die Soße heller und dicker wird.

Gebratene Zucchini

Für 4 Personen

45 ml/3 Esslöffel Erdnussöl (Erdnüsse).
1 Frühlingszwiebel (Frühlingszwiebel), gehackt
450 g Zucchini (Zucchini), in dicke Scheiben geschnitten
30 ml/2 Esslöffel Sojasauce
5 ml/1 Teelöffel Zucker
120 ml/4 fl oz/½ Tasse Hühnerbrühe
5 ml/1 Teelöffel Maismehl (Maisstärke)

Das Öl erhitzen und die Frühlingszwiebeln anbraten, bis sie leicht goldbraun sind. Die Zucchini dazugeben und 3 Minuten anbraten. Die anderen Zutaten hinzufügen und 4 Minuten unter Rühren braten.

Zucchini in schwarzer Bohnensauce

Für 4 Personen

30 ml/2 Esslöffel Erdnussöl (Erdnüsse).
1 Knoblauchzehe, zerdrückt
5 ml/1 Teelöffel Salz
15 ml/1 EL Chilibohnensauce
450 g Zucchini (Zucchini), in dicke Scheiben geschnitten
30 ml/2 Esslöffel Reiswein oder trockener Sherry
45 ml/3 Esslöffel Wasser
15 ml/1 Esslöffel Sesamöl

Erhitzen Sie das Öl und braten Sie die Knoblauch-, Salz- und Chilibohnensauce einige Sekunden lang an. Die Zucchini dazugeben und 3 Minuten braten, bis sie leicht gebräunt sind. Fügen Sie die restlichen Zutaten hinzu, einschließlich Sesamöl nach Geschmack, und braten Sie es 1 Minute lang unter Rühren an.

Gefüllte Zucchinihäppchen

Für 4 Personen

4 große Zucchini (Zucchini)

225 g gehacktes (gemahlenes) Schweinefleisch.

225 g Krabbenfleisch, in Flocken

2 geschlagene Eier

30 ml/2 Esslöffel Sojasauce

30 ml/2 Esslöffel Austernsauce

Prise gemahlener Ingwer

Salz und frisch gemahlener Pfeffer

75 ml/5 Esslöffel Maismehl (Maisstärke)

50 g/2 Unzen/½ Tasse Semmelbrösel

Frittieröl

Die Zucchini der Länge nach halbieren und mit einem Löffel Kerne und Kerngehäuse entfernen. Schweinefleisch, Krabbenfleisch, Eier, Saucen, Ingwer, Salz und Pfeffer vermischen. Mit Speisestärke und Semmelbröseln binden. Abdecken und 30 Minuten kalt stellen. Füllen Sie die Zucchini mit der Mischung und schneiden Sie sie dann in Stücke. Das Öl erhitzen und die Zucchini darin goldbraun braten. Vor dem Servieren auf Küchenpapier abtropfen lassen.

Gurke mit Garnelen

Für 4 Personen

45 ml/3 Esslöffel Erdnussöl (Erdnüsse).
100 g geschälte Garnelen
1 Gurke, geschält und in dicke Scheiben geschnitten
30 ml/2 Esslöffel Sojasauce
5 ml/1 Teelöffel Reiswein oder trockener Sherry
5 ml/1 Teelöffel brauner Zucker
Salz
45 ml/3 Esslöffel Wasser

Das Öl erhitzen und die Garnelen 30 Sekunden lang in der Pfanne braten. Die Gurke hinzufügen und 1 Minute lang anbraten. Sojasauce, Wein oder Sherry und Zucker hinzufügen und mit Salz würzen. 3 Minuten unter Rühren braten, bei Bedarf etwas Wasser hinzufügen. Sofort servieren.

Gurken mit Sesamöl

Für 4 Personen

1 große Gurke

Salz

30 ml/2 Esslöffel Sesamöl

2,5 ml/½ Teelöffel Zucker

Die Gurke schälen und der Länge nach halbieren. Die Kerne herauslöffeln und anschließend in dicke Scheiben schneiden. Die Gurkenscheiben in ein Sieb geben und großzügig mit Salz bestreuen. 1 Stunde ruhen lassen und dann so viel Feuchtigkeit wie möglich ausdrücken. Das Öl erhitzen und die Gurken 2 Minuten in der Pfanne braten, bis sie weich sind. Den Zucker einrühren und sofort servieren.

Gefüllte Gurken

Für 4 Personen

225 g gehacktes (gemahlenes) Schweinefleisch.
1 geschlagenes Ei
30 ml/2 Esslöffel Maismehl (Maisstärke)
15 ml/1 Esslöffel Reiswein oder trockener Sherry
30 ml/2 Esslöffel Sojasauce
Salz und frisch gemahlener Pfeffer
2 große Gurken
30 ml/2 Esslöffel einfaches Mehl (Allzweck).
45 ml/3 Esslöffel Erdnussöl (Erdnüsse).
150 ml/¼ pt/reichlich ½ Tasse Hühnerbrühe
30 ml/2 Esslöffel Wasser

Schweinefleisch, Ei, die Hälfte des Maismehls, Wein oder Sherry und die Hälfte der Sojasauce unterrühren und mit Salz und Pfeffer würzen. Die Gurken schälen und in 5 cm/2 cm große Stücke schneiden. Nehmen Sie einige Kerne heraus, um Vertiefungen zu machen, füllen Sie sie mit der Füllung und drücken Sie sie fest. Mit Mehl bestäuben. Das Öl erhitzen und die Gurkenstücke mit der Füllung nach unten anbraten, bis sie leicht gebräunt sind. Wenden und backen, bis die andere Seite goldbraun ist. Brühe und Sojasauce hinzufügen, zum Kochen bringen, abdecken und 20 Minuten köcheln lassen, bis sie weich sind, dabei gelegentlich umrühren. Die Gurken auf eine vorgewärmte Servierplatte geben. Das restliche Maismehl mit dem Wasser vermischen, in die Pfanne rühren und unter Rühren köcheln lassen, bis die Soße heller und dicker wird. Über die Gurken gießen und servieren.

Gebratene Löwenzahnblätter

Für 4 Personen

30 ml/2 Esslöffel Erdnussöl (Erdnüsse).
450 g Löwenzahnblätter
5 ml/1 Teelöffel Salz
15 ml/1 Esslöffel Zucker

Öl erhitzen, Löwenzahnblätter, Salz und Zucker hinzufügen und bei mäßiger Hitze 5 Minuten braten. Sofort servieren.

Geschmorter Salat

Für 4 Personen

1 Kopf knackiger Salat

15 ml/1 Esslöffel Erdnussöl (Erdnüsse).

2,5 ml/½ Teelöffel Salz

1 Knoblauchzehe, zerdrückt

60 ml/4 Esslöffel Hühnerbrühe

5 ml/1 Teelöffel Sojasauce

Den Salat in Blätter teilen. Das Öl erhitzen und Salz und Knoblauch goldbraun braten. Den Salat dazugeben und 1 Minute köcheln lassen, dabei umrühren, bis der Salat mit dem Öl bedeckt ist. Die Brühe hinzufügen und 2 Minuten köcheln lassen. Mit Sojasauce bestreut servieren.

Gebratener Salat mit Ingwer

Für 4 Personen

45 ml/3 Esslöffel Erdnussöl (Erdnüsse).

2 Knoblauchzehen, zerdrückt

1 cm/½ Scheibe Ingwerwurzel, fein gehackt

1 Kopfsalat, gehackt

Das Öl erhitzen und den Knoblauch und den Ingwer anbraten, bis sie leicht gebräunt sind. Den Salat dazugeben und etwa 2 Minuten unter Rühren braten, bis er glänzt und leicht welk ist. Sofort servieren.

Zuckererbsen mit Bambussprossen

Für 4 Personen

30 ml/2 Esslöffel Erdnussöl (Erdnüsse).
100 g gehacktes (gemahlenes) Schweinefleisch.
100 g Pilze
225 g Bambussprossen, in Scheiben geschnitten
225 g Zuckerschoten (Erbsen)
15 ml/1 Esslöffel Sojasauce
15 ml/1 Esslöffel Maismehl (Maisstärke)
5 ml/1 Teelöffel Zucker
120 ml/4 fl oz/½ Tasse Hühnerbrühe

Das Öl erhitzen und das Schweinefleisch anbraten, bis es leicht gebräunt ist. Pilze und Bambussprossen einrühren und 2 Minuten unter Rühren braten. Die Zuckerschoten dazugeben und 2 Minuten unter Rühren braten. Mit Sojasauce bestreuen. Maismehl, Zucker und Brühe zu einer Paste vermischen, in die Pfanne rühren und unter Rühren köcheln lassen, bis die Soße eindickt.

Zuckererbsen mit Pilzen und Ingwer

Für 4 Personen

45 ml/3 Esslöffel Erdnussöl (Erdnüsse).

3 Frühlingszwiebeln (Frühlingszwiebeln), in Scheiben geschnitten

1 Scheibe Ingwerwurzel, gehackt

225 g Champignons, halbiert

300 ml/½ pt/1¼ Tasse Hühnerbrühe

10 ml/2 Teelöffel Maismehl (Maisstärke)

15 ml/1 Esslöffel Wasser

15 ml/1 Esslöffel Austernsauce

225 g Zuckerschoten (Erbsen)

Das Öl erhitzen und die Frühlingszwiebeln und den Ingwer anbraten, bis sie leicht gebräunt sind. Die Pilze dazugeben und 3 Minuten braten. Brühe hinzufügen, aufkochen, zugedeckt 3 Minuten köcheln lassen. Das Maismehl mit dem Wasser und der Austernsoße zu einer Paste verrühren, in die Pfanne geben und unter Rühren köcheln lassen, bis die Soße eindickt. Die

Zuckerschoten unterrühren und vor dem Servieren noch einmal erhitzen.

Chinesisches Mark

Für 4 Personen

60 ml/4 Esslöffel Erdnussöl (Erdnüsse).
450 g Mark, in dünne Scheiben geschnitten
30 ml/2 Esslöffel Sojasauce
10 ml/2 Teelöffel Salz
frisch gemahlener Pfeffer

Das Öl erhitzen und die Markscheiben in einer Pfanne 2 Minuten anbraten. Sojasauce, Salz und eine Prise Pfeffer hinzufügen und weitere 4 Minuten braten.

Gefülltes Mark

Für 4 Personen

450 g Fischfilets, in Flocken

5 ml/1 Teelöffel Salz

2 Frühlingszwiebeln (Frühlingszwiebeln), gehackt

100 g geräucherter Schinken, gehackt

50 g/2 oz/½ Tasse gehackte Mandeln

1 Mark, halbiert

Frittieröl

250 ml/8 fl oz/1 Tasse Hühnerbrühe

30 ml/2 Esslöffel Maismehl (Maisstärke)

15 ml/1 Esslöffel Sojasauce

5 ml/1 Teelöffel Zucker

60 ml/4 Esslöffel Wasser

5 ml/1 Teelöffel Sesamöl

15 ml/1 EL gehackte glatte Petersilie

Fisch, Salz, Frühlingszwiebeln, Schinken und Mandeln vermischen. Entfernen Sie die Marksamen und einen Teil des Fruchtfleisches, um eine Mulde zu bilden. Die Fischmischung in das Mark drücken. Das Öl erhitzen und die Markhälften bei Bedarf einzeln goldbraun braten. In eine saubere Pfanne geben und die Brühe hinzufügen. Aufkochen, abdecken und 40 Minuten köcheln lassen. Speisestärke, Sojasauce, Zucker, Wasser und Sesamöl zu einer Paste verrühren, in die Pfanne geben und unter Rühren köcheln lassen, bis die Sauce heller und dicker wird. Mit Petersilie garniert servieren.

Pilze mit Sardellensauce

Für 4 Personen

15 ml/1 Esslöffel Erdnussöl (Erdnüsse).
450 g/1 Pfund Champignons
2 Schalotten, in Scheiben geschnitten
1 Stange Zitronengras, gehackt
1 große Tomate, gewürfelt
60 ml/4 Esslöffel gehackte glatte Petersilie
20 ml/4 Teelöffel Sardellenpaste
50 g Butter
Salz und frisch gemahlener Pfeffer
4 Scheiben Brot

8 Sardellenfilets

Öl erhitzen und Pilze, Schalotten und Zitronengras darin goldbraun braten. Die Tomate und die Hälfte der Petersilie dazugeben und gut vermischen. Die Sardellenpaste und die in Flöckchen geschnittene Butter hinzufügen. Mit Salz und Pfeffer würzen. Toasten Sie das Brot und bestreuen Sie es mit der restlichen Petersilie. Die Sardellenfilets darauf anrichten und mit den Pilzen servieren.

Pilze und Bambussprossen

Für 4 Personen

45 ml/3 Esslöffel Erdnussöl (Erdnüsse).

5 ml/1 Teelöffel Salz

1 Knoblauchzehe, zerdrückt

225 g Bambussprossen, in Scheiben geschnitten

225 g Champignons, in Scheiben geschnitten

45 ml/3 Esslöffel Sojasauce

15 ml/1 Esslöffel Reiswein oder trockener Sherry

15 ml/1 Esslöffel Zucker

15 ml/1 Esslöffel Maismehl (Maisstärke)

90 ml/6 Esslöffel Hühnerbrühe

Das Öl erhitzen und Salz und Knoblauch anbraten, bis der Knoblauch leicht goldbraun wird. Bambussprossen und Pilze dazugeben und 3 Minuten unter Rühren anbraten. Sojasauce, Wein oder Sherry und Zucker hinzufügen und 3 Minuten unter Rühren braten. Maismehl und Brühe vermischen und in die Pfanne rühren. Unter Rühren zum Kochen bringen und dann einige Minuten köcheln lassen, bis die Sauce eindickt und klar wird.

Pilze mit Bambussprossen und Zuckerschoten

Für 4 Personen

8 getrocknete chinesische Pilze
30 ml/2 Esslöffel Erdnussöl (Erdnüsse).
100 g Zuckerschoten (Erbsen)
100 g Bambussprossen, in Scheiben geschnitten
60 ml/4 Esslöffel Brühe
30 ml/2 Esslöffel Sojasauce
5 ml/1 Teelöffel Zucker

Die Pilze 30 Minuten in warmem Wasser einweichen, dann abtropfen lassen. Entfernen Sie die Stiele und schneiden Sie die

Kappen in Scheiben. Erhitzen Sie das Öl und braten Sie die Zuckerschoten etwa 30 Sekunden lang an. Nehmen Sie sie dann aus der Pfanne. Die Pilze und Bambussprossen dazugeben und unter Rühren anbraten, bis sie gut mit Öl bedeckt sind. Brühe, Sojasauce und Zucker hinzufügen, aufkochen und zugedeckt 3 Minuten köcheln lassen. Die Zuckerschoten wieder in die Pfanne geben und ohne Deckel köcheln lassen, bis sie durchgewärmt sind. Sofort servieren.

Pilze mit Zuckererbsen

Für 4 Personen

30 ml/2 Esslöffel Erdnussöl (Erdnüsse).

225 g Champignons

450 g Zuckerschoten (Erbsen)

15 ml/1 Esslöffel Sojasauce

10 ml/2 Teelöffel Sesamöl

5 ml/1 Teelöffel brauner Zucker

Das Öl erhitzen und die Pilze 5 Minuten braten. Die Zuckerschoten dazugeben und 1 Minute lang anbraten. Die anderen Zutaten hinzufügen und 4 Minuten unter Rühren braten.

Würzige Pilze

Für 4 Personen

15 ml/1 Esslöffel Erdnussöl (Erdnüsse).

1 Knoblauchzehe, fein gehackt

1 Scheibe Ingwerwurzel, gehackt

2 Frühlingszwiebeln (Frühlingszwiebeln), gehackt

225 g Champignons

15 ml/1 Esslöffel Hoisinsauce

15 ml/1 Esslöffel Reiswein oder trockener Sherry

45 ml/3 Esslöffel Hühnerbrühe

5 ml/1 Teelöffel Sesamöl

Das Öl erhitzen und Knoblauch, Ingwer und Frühlingszwiebeln 2 Minuten anbraten. Die Pilze dazugeben und 2 Minuten unter Rühren anbraten. Die anderen Zutaten hinzufügen und 5 Minuten unter Rühren braten.

Gedämpfte Pilze

Für 4 Personen
18 getrocknete chinesische Pilze
450 ml/¾ pt/2 Tassen Brühe
30 ml/2 Esslöffel Erdnussöl (Erdnüsse).
5 ml/1 Teelöffel Zucker

Die Pilze 30 Minuten in warmem Wasser einweichen, dann abtropfen lassen und 250 ml/8 fl oz/1 Tasse der Einweichflüssigkeit auffangen. Entsorgen Sie die Stiele und legen Sie die Kappen in eine hitzebeständige Schüssel. Geben Sie die restlichen Zutaten hinzu, stellen Sie die Schüssel auf ein

Gestell in einen Dampfgarer, decken Sie das Ganze ab und dämpfen Sie es etwa 1 Stunde lang über kochendem Wasser.

Gedämpfte gefüllte Pilze

Für 4 Personen

450 g große Champignons

225 g gehacktes (gemahlenes) Schweinefleisch.

225 g geschälte Garnelen, fein gehackt

4 Wasserkastanien, fein gehackt

15 ml/1 Esslöffel Maismehl (Maisstärke)

5 ml/1 Teelöffel Salz

5 ml/1 Teelöffel Zucker

30 ml/2 Esslöffel Sojasauce

120 ml/4 Flüssigunzen/½ Tasse

Stiele von den Pilzen entfernen. Die Stiele hacken und mit den anderen Zutaten vermischen. Ordnen Sie die Pilzkappen auf einem Backblech an, bedecken Sie sie mit der Füllmischung und drücken Sie sie in eine Kuppelform. Gießen Sie jeweils etwas Brühe darüber und lassen Sie etwas Brühe übrig. Stellen Sie die Form auf einen Rost in einen Dampfgarer, dämpfen Sie sie zugedeckt in kochendem Wasser etwa 45 Minuten lang, bis die Pilze gar sind, und begießen Sie sie bei Bedarf während des Kochens mit etwas mehr Brühe.

Strohpilze in Austernsauce

Für 4 Personen

15 ml/1 Esslöffel Erdnussöl (Erdnüsse).

225 g Strohpilze

120 ml/4 fl oz/½ Tasse Hühnerbrühe

2,5 ml/½ Teelöffel Zucker

5 ml/1 Teelöffel Austernsauce

5 ml/1 Teelöffel Maismehl (Maisstärke)

15 ml/1 Esslöffel Wasser

Das Öl erhitzen und die Pilze vorsichtig anbraten, bis sie gut bedeckt sind. Brühe, Zucker und Austernsauce hinzufügen, aufkochen und köcheln lassen, bis die Pilze weich sind. Maismehl und Wasser zu einer Paste vermischen, in die Pfanne rühren und unter Rühren köcheln lassen, bis die Soße heller und dicker wird.

Gebackene Zwiebeln

Für 4 Personen

8 große Zwiebeln
Salz und frisch gemahlener Pfeffer
30 ml/2 Esslöffel Erdnussöl (Erdnüsse).
120 ml/4 fl oz/½ Tasse Wasser
15 ml/1 Esslöffel Maismehl (Maisstärke)
15 ml/1 Esslöffel gehackte frische Petersilie

Die Zwiebeln in einen Topf geben und knapp mit kochendem Salzwasser bedecken. Abdecken und 5 Minuten köcheln lassen, dann abtropfen lassen. Die Zwiebeln in eine Auflaufform legen, mit Salz und Pfeffer würzen und mit Öl bestreichen. Mit Wasser aufgießen, abdecken und im vorgeheizten Backofen bei 190 °C/375 °F/Gas Stufe 5 1 Stunde garen. Die Speisestärke mit etwas Wasser verrühren und zur Zwiebelflüssigkeit geben. Unter gelegentlichem Rühren weitere 5 Minuten kochen lassen, bis die Sauce eindickt. Mit Petersilie garniert servieren.

Curryzwiebeln mit Erbsen

Für 4 Personen

450 g Frühlingszwiebeln

10 ml/2 Teelöffel Salz

225 g Erbsen

45 ml/3 Esslöffel Erdnussöl (Erdnüsse).

10 ml/2 Teelöffel Currypulver

frisch gemahlener Pfeffer

Die Zwiebeln in einen Topf geben und knapp mit kochendem Wasser bedecken. Mit 5 ml/1 Teelöffel Salz würzen und 5

Minuten kochen lassen. Abdecken und weitere 10 Minuten kochen lassen. Die Erbsen hinzufügen und weitere 5 Minuten kochen lassen, dann abtropfen lassen. Erhitzen Sie das Öl und braten Sie das Currypulver, das restliche Salz und den restlichen Pfeffer 30 Sekunden lang an. Das abgetropfte Gemüse hinzufügen und unter Rühren anbraten, bis es heiß und mit dem Curryöl glasiert ist.

Perlzwiebeln in Orangen-Ingwer-Sauce

Für 4 Personen

3 Orangen

2 rote Chilischoten

15 ml/1 Esslöffel Walnussöl

450 g Frühlingszwiebeln

1 Scheibe Ingwerwurzel, gehackt

10 ml/2 Teelöffel Zucker

10 ml/2 Teelöffel Apfelessig

15 ml/1 Esslöffel rote Pfefferkörner

Salz

5 ml/1 Teelöffel abgeriebene Zitronenschale

ein paar Korianderblätter

Schneiden Sie die Orangenschale mit einem Zestenreißer in dünne Flocken. Die Orangen halbieren und den Saft auspressen. Die Chilis halbieren und die Kerne entfernen. Öl erhitzen und Zwiebeln, Ingwer und Chili 1 Minute anbraten. Den Zucker hinzufügen und köcheln lassen, bis die Zwiebeln glasig sind. Orangensaft, Apfelessig, Pfefferkörner und Orangenschale einrühren und mit Salz abschmecken. Zitronenschale und den Großteil der Korianderblätter unterrühren. Auf einer vorgewärmten Servierplatte anrichten und mit den restlichen Korianderblättern garnieren.

Zwiebelcreme

Für 4 Personen

4 Scheiben Speck

450 g Zwiebeln, in Scheiben geschnitten

50 g/2 oz/½ Tasse Maismehl (Maisstärke)

2 Eier, leicht geschlagen

120 ml/4 fl oz/½ Tasse Wasser

Prise geriebene Muskatnuss

10 ml/2 Teelöffel Salz

Den Speck knusprig braten, dann abtropfen lassen und hacken. Die Zwiebeln in die Pfanne geben und anbraten, bis sie weich sind. Die Speisestärke mit den Eiern und dem Wasser verquirlen und mit Muskatnuss und Salz würzen. Den Speck mit den Zwiebeln vermischen und in eine gebutterte Auflaufform geben. Mit der Eimischung bedecken und die Form in eine zur Hälfte mit Wasser gefüllte Auflaufform stellen. Im vorgeheizten Backofen bei 180 °C/350 °F/Gas Stufe 4 45 Minuten backen, bis die Creme fest geworden ist.

Pak Choi

Für 4 Personen

45 ml/3 Esslöffel Erdnussöl (Erdnüsse).
2 Frühlingszwiebeln (Frühlingszwiebeln), gehackt
450 g Pak Choi, zerkleinert
15 ml/1 Esslöffel Sojasauce
2,5 ml/½ Teelöffel Zucker

120 ml/4 fl oz/½ Tasse Hühnerbrühe
5 ml/1 Teelöffel Maismehl (Maisstärke)

Das Öl erhitzen und die Frühlingszwiebeln anbraten, bis sie leicht goldbraun sind. Den Pak Choi dazugeben und 3 Minuten unter Rühren braten. Die anderen Zutaten hinzufügen und 2 Minuten unter Rühren braten.

Erbsen mit Pilzen

Für 4 Personen
45 ml/3 Esslöffel Erdnussöl (Erdnüsse).
1 Frühlingszwiebel (Frühlingszwiebel), gehackt
225 g Champignons, halbiert
225 g gefrorene Erbsen

30 ml/2 Esslöffel Sojasauce
5 ml/1 Teelöffel Zucker
120 ml/4 fl oz/½ Tasse Hühnerbrühe
5 ml/1 Teelöffel Maismehl (Maisstärke)

Das Öl erhitzen und die Frühlingszwiebeln anbraten, bis sie leicht goldbraun sind. Die Pilze dazugeben und 3 Minuten braten. Die Erbsen dazugeben und 4 Minuten unter Rühren anbraten. Die anderen Zutaten hinzufügen und 2 Minuten unter Rühren braten.

Gebratene Paprika

Für 4 Personen

30 ml/2 Esslöffel Erdnussöl (Erdnüsse).
2 grüne Paprika, gewürfelt
2 rote Paprika, gewürfelt
15 ml/1 Esslöffel Hühnerbrühe oder Wasser
5 ml/1 Teelöffel Salz

5 ml/1 Teelöffel brauner Zucker

Das Öl sehr heiß erhitzen, die Paprika hinzufügen und unter Rühren anbraten, bis die Schalen leicht schrumpfen. Brühe oder Wasser, Salz und Zucker hinzufügen und 2 Minuten unter Rühren braten.

Paprika und Bohnen anbraten

Für 4 Personen

30 ml/2 Esslöffel Erdnussöl (Erdnüsse).
2 Knoblauchzehen, zerdrückt
5 ml/1 Teelöffel Salz

2 rote Paprika, in Streifen geschnitten

225 g grüne Bohnen

5 ml/1 Teelöffel Zucker

30 ml/2 Esslöffel Wasser

Das Öl erhitzen und Knoblauch, Salz, Paprika und Bohnen 3 Minuten anbraten. Zucker und Wasser dazugeben und etwa 5 Minuten unter Rühren braten, bis das Gemüse zart, aber noch knackig ist.

Mit Fisch gefüllte Paprika

Für 4 Personen

225 g/8 oz Fischfilets, in Flocken

2 Frühlingszwiebeln (Frühlingszwiebeln), gehackt

30 ml/2 Esslöffel Maismehl (Maisstärke)

15 ml/1 Esslöffel Erdnussöl (Erdnüsse).
30 ml/2 Esslöffel Wasser
Salz und frisch gemahlener Pfeffer
4 grüne Paprika
120 ml/4 fl oz/½ Tasse Hühnerbrühe
2,5 ml/½ Teelöffel Salz
60 ml/4 Esslöffel Wasser

Fisch, Frühlingszwiebeln, die Hälfte der Speisestärke, Öl und Wasser vermischen und mit Salz und Pfeffer würzen. Schneiden Sie die Oberseite der Paprika ab und entfernen Sie die Kerne. Füllen Sie die Füllmischung ein und setzen Sie die Oberteile als Deckel wieder auf. Die Paprika aufrecht in eine Pfanne stellen und die Brühe hinzufügen. Aufkochen und mit Salz und Pfeffer würzen. Abdecken und 1 Stunde köcheln lassen. Die Paprika auf eine vorgewärmte Servierplatte geben. Restliches Maismehl und Wasser zu einer Paste verrühren, in die Pfanne rühren und zum Kochen bringen. Unter Rühren köcheln lassen, bis die Sauce heller und dicker wird. Über die Paprika gießen und sofort servieren.

Mit Schweinefleisch gefüllte Paprika

Für 4 Personen
30 ml/2 Esslöffel Erdnussöl (Erdnüsse).

225 g gehacktes (gemahlenes) Schweinefleisch.
2 Frühlingszwiebeln (Frühlingszwiebeln), gehackt
4 Wasserkastanien, gehackt
30 ml/2 Esslöffel Sojasauce
Salz und frisch gemahlener Pfeffer
4 grüne Paprika
120 ml/4 fl oz/½ Tasse Hühnerbrühe
2,5 ml/½ Teelöffel Salz
15 ml/1 Esslöffel Maismehl (Maisstärke)
60 ml/4 Esslöffel Wasser

Das Öl erhitzen und das Schweinefleisch, die Frühlingszwiebeln und die Wasserkastanien darin goldbraun braten. Vom Herd nehmen, die Hälfte der Sojasauce einrühren und mit Salz und Pfeffer würzen. Schneiden Sie die Oberseite der Paprika ab und entfernen Sie die Kerne. Füllen Sie die Füllmischung ein und setzen Sie die Oberteile als Deckel wieder auf. Die Paprika aufrecht in eine Pfanne stellen und die Brühe hinzufügen. Aufkochen und mit Salz und Pfeffer würzen. Abdecken und 1 Stunde köcheln lassen. Die Paprika auf eine vorgewärmte Servierplatte geben. Speisestärke, restliche Sojasauce und Wasser zu einer Paste verrühren, in die Pfanne rühren und zum Kochen bringen. Unter Rühren köcheln lassen, bis die Sauce heller und dicker wird. Über die Paprika gießen und sofort servieren.

Mit Gemüse gefüllte Paprika

Für 4 Personen

30 ml/2 Esslöffel Erdnussöl (Erdnüsse).

2 Karotten, gerieben

1 Zwiebel, gerieben

45 ml/3 Esslöffel Tomatenketchup (Ketchup)

5 ml/1 Teelöffel Zucker

Salz und frisch gemahlener Pfeffer

4 grüne Paprika

120 ml/4 fl oz/½ Tasse Hühnerbrühe

2,5 ml/½ Teelöffel Salz

15 ml/1 Esslöffel Maismehl (Maisstärke)

15 ml/1 Esslöffel Sojasauce

60 ml/4 Esslöffel Wasser

Das Öl erhitzen und die Karotten und Zwiebeln anbraten, bis sie leicht weich werden. Vom Herd nehmen und Tomatenketchup und Zucker hinzufügen. Mit Salz und Pfeffer würzen. Schneiden Sie die Oberseite der Paprika ab und entfernen Sie die Kerne. Füllen Sie die Füllmischung ein und setzen Sie die Oberteile als Deckel wieder auf. Die Paprika aufrecht in eine Pfanne stellen und die Brühe hinzufügen. Aufkochen und mit Salz und Pfeffer würzen. Abdecken und 1 Stunde köcheln lassen. Die Paprika auf eine vorgewärmte Servierplatte geben. Speisestärke, Sojasauce und Wasser zu einer Paste verrühren, in die Pfanne rühren und aufkochen. Unter Rühren köcheln lassen, bis die Sauce heller und dicker wird. Über die Paprika gießen und sofort servieren.

Bratkartoffeln und Karotten

Für 4 Personen

2 Karotten, gewürfelt

450 g/1 Pfund Kartoffeln

15 ml/1 Esslöffel Maismehl (Maisstärke)

Frittieröl

30 ml/2 Esslöffel Erdnussöl (Erdnüsse).

5 ml/1 Teelöffel Salz

15 ml/1 Esslöffel Reiswein oder trockener Sherry

120 ml/4 fl oz/½ Tasse Hühnerbrühe

5 ml/1 Teelöffel Zucker

5 ml/1 Teelöffel Sojasauce

Die Karotten 3 Minuten in kochendem Wasser blanchieren und dann abtropfen lassen. Die Kartoffeln in Stücke schneiden und mit etwas Speisestärke bestreuen. Das Öl erhitzen und knusprig braten, dann abtropfen lassen. Öl und Salz erhitzen und die Karotten anbraten, bis sie mit Öl bedeckt sind. Wein oder Sherry und Brühe hinzufügen, aufkochen, abdecken und 2 Minuten köcheln lassen. Das restliche Maismehl mit dem Zucker und der Sojasauce zu einer Paste verrühren. In die Pfanne geben und unter Rühren köcheln lassen, bis die Soße eindickt. Die Kartoffeln dazugeben und erhitzen. Sofort servieren.

Pommes frites

Für 4 Personen

350 g Kartoffeln, geschält und in Stifte geschnitten
30 ml/2 Esslöffel Erdnussöl (Erdnüsse).
1 Knoblauchzehe, zerdrückt
3 Frühlingszwiebeln (Frühlingszwiebeln), gehackt
15 ml/1 Esslöffel Sojasauce
5 ml/1 Teelöffel Weinessig
Salz und frisch gemahlener Pfeffer

Die Kartoffeln 20 Sekunden in kochendem Wasser blanchieren und dann abtropfen lassen. Das Öl erhitzen und den Knoblauch und die Frühlingszwiebeln leicht goldbraun braten. Die Kartoffeln dazugeben und 2 Minuten unter Rühren anbraten. Sojasauce und Weinessig dazugeben und mit Salz und Pfeffer abschmecken. Einige Minuten braten, bis die Kartoffeln gar und leicht gebräunt sind.

Gewürzkartoffeln

Für 4 Personen

30 ml/2 Esslöffel Erdnussöl (Erdnüsse).
350 g Kartoffeln, geschält und in Würfel geschnitten
1 Knoblauchzehe, zerdrückt
2,5 ml/½ Teelöffel Salz
2 Frühlingszwiebeln (Frühlingszwiebeln), gehackt
2 getrocknete Chilischoten, entkernt und gehackt

Das Öl erhitzen und die Kartoffeln leicht goldbraun braten. Nehmen Sie sie aus der Pfanne. Das Öl erhitzen und Knoblauch, Salz, Frühlingszwiebeln und Chili anbraten, bis sie leicht gebräunt sind. Die Kartoffeln zurück in die Pfanne geben und unter Rühren anbraten, bis die Kartoffeln gar sind.

Kürbis mit Reisnudeln

Für 4 Personen

350 g Reisnudeln

15 ml/1 Esslöffel Erdnussöl (Erdnüsse).

2 Frühlingszwiebeln (Frühlingszwiebeln), in Scheiben geschnitten

225 g Kürbis, gewürfelt

250 ml/8 fl oz/1 Tasse Hühnerbrühe

2,5 ml/½ Teelöffel Zucker

Salz und frisch gemahlener Pfeffer

100 g geschälte Garnelen

Die Tagliatelle 2 Minuten in kochendem Wasser blanchieren, dann abtropfen lassen. Das Öl erhitzen und die Frühlingszwiebeln 30 Sekunden anbraten. Den Kürbis dazugeben und 1 Minute lang anbraten. Brühe und Nudeln dazugeben, aufkochen und ohne Deckel ca. 5 Minuten köcheln lassen, bis der

Kürbis fast gar ist. Den Zucker hinzufügen und mit Salz und Pfeffer würzen. Etwa 10 Minuten köcheln lassen, bis die Nudeln gerade zart sind und die Flüssigkeit etwas eingesunken ist. Die Garnelen dazugeben und vor dem Servieren noch einmal erhitzen.

Schalotten in Malzbier

Für 4 Personen
15 ml/1 Esslöffel Walnussöl
450 g Schalotten
10 ml/2 Teelöffel brauner Zucker
5 ml/1 Teelöffel rote Pfefferkörner
250 ml/8 fl oz/1 Tasse Malzbier
45 ml/3 Esslöffel Balsamico-Essig
Salz und frisch gemahlener Pfeffer
2,5 ml/½ Teelöffel Paprika
1 Baldrian

Das Öl erhitzen und die Schalotten goldbraun braten. Zucker hinzufügen und unter Rühren glasig braten. Pfefferkörner, Bier und Balsamico-Essig hinzufügen und 1 Minute köcheln lassen.

Mit Salz, Pfeffer und Paprika würzen. Ordnen Sie die Salatblätter am Rand eines vorgewärmten Serviertellers an und geben Sie die Schalotten in die Mitte.

Spinat mit Knoblauch

Für 4 Personen

30 ml/2 Esslöffel Erdnussöl (Erdnüsse).

450 g Spinatblätter

2,5 ml/½ Teelöffel Salz

3 Knoblauchzehen, zerdrückt

15 ml/1 Esslöffel Sojasauce

Das Öl erhitzen, den Spinat und das Salz hinzufügen und 3 Minuten unter Rühren braten, bis der Spinat zu welken beginnt. Den Knoblauch und die Sojasauce hinzufügen und vor dem Servieren 3 Minuten lang anbraten.

Spinat mit Pilzen

Für 4–6 Personen

8 getrocknete chinesische Pilze

75 ml/5 Esslöffel Erdnussöl (Erdnüsse).

60 ml/4 Esslöffel Sojasauce

15 ml/1 Esslöffel Reiswein oder trockener Sherry

5 ml/1 Teelöffel Zucker

Salz

15 ml/1 Esslöffel Maismehl (Maisstärke)

15 ml/1 Esslöffel Wasser

450 g/1 Pfund Spinat

Die Pilze 30 Minuten in warmem Wasser einweichen, dann abtropfen lassen und 120 ml/4 fl oz/½ Tasse der Einweichflüssigkeit auffangen. Entsorgen Sie die Stiele und schneiden Sie die Kappen in zwei Hälften, falls sie groß sind. Die Hälfte des Öls erhitzen und die Pilze 2 Minuten braten. Sojasauce, Wein oder Sherry, Zucker und eine Prise Salz einrühren und gut vermischen. Die Pilzflüssigkeit hinzufügen, aufkochen und zugedeckt 10 Minuten köcheln lassen. Maismehl und Wasser zu einer Paste verrühren, zur Soße geben und unter Rühren köcheln lassen, bis die Soße eindickt. Zum Warmhalten auf sehr niedriger Hitze stehen lassen. In der Zwischenzeit das restliche Öl in einer separaten Pfanne erhitzen, den Spinat dazugeben und etwa 2 Minuten unter Rühren braten, bis er weich ist. Auf einen vorgewärmten Teller geben, über die Pilze gießen und servieren.

Spinat mit Ingwer

Für 4 Personen

30 ml/2 Esslöffel Erdnussöl (Erdnüsse).
1 Scheibe Ingwerwurzel, gehackt
1 Knoblauchzehe, zerdrückt
5 ml/1 Teelöffel Salz
450 g/1 Pfund Spinat
5 ml/1 Teelöffel Zucker
10 ml/2 Teelöffel Sesamöl

Das Öl erhitzen und Ingwer, Knoblauch und Salz anbraten, bis sie leicht gebräunt sind. Den Spinat dazugeben und unter Rühren 3 Minuten braten, bis er zusammengefallen ist. Zucker und Sesamöl dazugeben und 3 Minuten unter Rühren braten. Heiß oder kalt servieren.

Spinat mit Erdnüssen

Für 4 Personen

30 ml/2 Esslöffel Erdnüsse

450 g Spinat, gehackt

2,5 ml/½ Teelöffel Salz

100 g geräucherter Schinken, gehackt

15 ml/1 Esslöffel Erdnussöl (Erdnüsse).

Die Erdnüsse in einer trockenen Pfanne rösten und dann grob hacken. Den Spinat in kochendem Wasser 2 Minuten blanchieren, dann gut abtropfen lassen und hacken. Erdnüsse, Salz, Schinken und Öl vermischen und sofort servieren.

Gemüse-Chow-Mein

Für 4 Personen

6 getrocknete chinesische Pilze

450 g/1 Pfund Spinat

45 ml/3 Esslöffel Erdnussöl (Erdnüsse).

100 g Bambussprossen, in Scheiben geschnitten

2,5 ml/½ Teelöffel Salz

30 ml/2 Esslöffel Sojasauce

gebratene Nudeln

Die Pilze 30 Minuten in warmem Wasser einweichen, dann abtropfen lassen. Entfernen Sie die Stiele und schneiden Sie die Kappen in Scheiben. Die Spinatblätter halbieren. Das Öl erhitzen und die Pilze und Bambussprossen 4 Minuten in der Pfanne anbraten. Spinat, Salz und Sojasauce hinzufügen und 1 Minute lang anbraten. Die abgetropften Nudeln dazugeben und vorsichtig schwenken, bis sie durchgewärmt sind.

Gemischtes Gemüse

Für 4 Personen

2 Zwiebeln

30 ml/2 Esslöffel Erdnussöl (Erdnüsse).

15 ml/1 Esslöffel geriebene Ingwerwurzel

225 g Brokkoliröschen

225 g Spinat, gehackt

225 g Zuckerschoten (Erbsen)

4 Selleriestangen, schräg geschnitten

6 Frühlingszwiebeln (Frühlingszwiebeln), schräg geschnitten

175 ml/6 fl oz/¾ Tasse Gemüsebrühe

Die Zwiebeln in Spalten schneiden und die Schichten trennen. Das Öl erhitzen und Zwiebeln, Ingwer und Brokkoli 1 Minute anbraten. Das restliche Gemüse dazugeben und leicht vermischen. Die Brühe hinzufügen und rühren, bis das Gemüse vollständig bedeckt ist. Zum Kochen bringen, abdecken und 3 Minuten köcheln lassen, bis das Gemüse zart, aber noch knackig ist.

Gemischtes Gemüse mit Ingwer

Für 4 Personen

100 g Blumenkohlröschen

45 ml/3 Esslöffel Erdnussöl (Erdnüsse).

2 Scheiben Ingwerwurzel, gehackt

1 Frühlingszwiebel (Frühlingszwiebel), gehackt

100 g Bambussprossen, in Scheiben geschnitten

100g Champignons, in Scheiben geschnitten

100 g Pak Choi, gehackt

30 ml/2 Esslöffel Sojasauce

120 ml/4 fl oz/½ Tasse Hühnerbrühe

Salz und frisch gemahlener Pfeffer

Den Blumenkohl 3 Minuten in kochendem Wasser blanchieren und dann abtropfen lassen. Das Öl erhitzen und den Ingwer 1 Minute braten. Fügen Sie das Gemüse hinzu und braten Sie es 3

Minuten lang an, bis es mit Öl bedeckt ist. Sojasauce und Brühe hinzufügen und mit Salz und Pfeffer würzen. Weitere 2 Minuten unter Rühren braten, bis das Gemüse zart, aber noch knackig ist.

Frühlingsrollen mit Gemüse

Für 4 Personen

6 getrocknete chinesische Pilze

30 ml/2 Esslöffel Erdnussöl (Erdnüsse).

2,5 ml/½ Teelöffel Salz

2 Knoblauchzehen, fein gehackt

2 Selleriestangen, gehackt

1 grüne Paprika, in Scheiben geschnitten

50 g Bambussprossen, in Scheiben geschnitten

100 g chinesische Blätter, gehackt

100 g Sojasprossen

4 Wasserkastanien, in Streifen geschnitten

3 Frühlingszwiebeln (Frühlingszwiebeln), gehackt

15 ml/1 Esslöffel Sojasauce

5 ml/1 Teelöffel Zucker

8 Frühlingsrollenhäute

Erdnussöl (Erdnüsse) zum Braten

Die Pilze 30 Minuten in warmem Wasser einweichen, dann abtropfen lassen. Die Stiele entfernen und die Kappen hacken. Öl, Salz und Knoblauch erhitzen, bis der Knoblauch goldbraun wird, dann die Pilze hinzufügen und 2 Minuten lang anbraten. Sellerie, Paprika und Bambussprossen hinzufügen und 3 Minuten lang anbraten. Kohl, Sojasprossen, Kastanien und Frühlingszwiebeln hinzufügen und 2 Minuten unter Rühren anbraten. Sojasauce und Zucker einrühren, vom Herd nehmen und 2 Minuten ruhen lassen. In ein Sieb geben und abtropfen lassen. Geben Sie ein paar Löffel der Füllmischung in die Mitte jeder Frühlingsrollenhaut, falten Sie den Boden um, falten Sie die Seiten ein und rollen Sie sie dann auf, sodass die Füllung eingeschlossen ist. Den Rand mit etwas Mehl-Wasser-Mischung verschließen und 30 Minuten trocknen lassen. Erhitzen Sie das Öl und braten Sie die Frühlingsrollen etwa 10 Minuten lang, bis sie knusprig und goldbraun sind. Vor dem Servieren gut abtropfen lassen.

Einfaches gebratenes Gemüse

Für 4 Personen

45 ml/3 Esslöffel Erdnussöl (Erdnüsse).

5 ml/1 Teelöffel Salz

2 Scheiben Ingwerwurzel, gehackt

450 g/1 Pfund gemischtes Gemüse wie geschnittene Bambussprossen, blanchierte Sojasprossen, Brokkoliröschen, geschnittene Karotten, Blumenkohlröschen, gewürfelte Paprika

120 ml/4 fl oz/½ Tasse Hühner- oder Gemüsebrühe

15 ml/1 Esslöffel Sojasauce

5 ml/1 Teelöffel Zucker

Das Öl erhitzen und Salz und Ingwer anbraten, bis sie leicht gebräunt sind. Fügen Sie das Gemüse hinzu und braten Sie es 3 Minuten lang an, bis es gut mit Öl bedeckt ist. Brühe, Sojasauce und Zucker hinzufügen und etwa 2 Minuten unter Rühren braten, bis alles durchgeheizt ist.

Gemüse mit Honig

Für 4 Personen

15 ml/1 Esslöffel Erdnussöl (Erdnüsse).
1 Scheibe Ingwerwurzel, gehackt
2 Knoblauchzehen, gehackt
100 g Baby-Zuckermais
2 Frühlingszwiebeln (Frühlingszwiebeln), in Scheiben geschnitten
1 rote Paprika, gewürfelt
1 grüne Paprika, gewürfelt
100 g Champignons, halbiert

15 ml/1 Esslöffel Honig
15 ml/1 Esslöffel Obstessig
10 ml/2 Teelöffel Sojasauce
Salz und frisch gemahlener Pfeffer

Das Öl erhitzen und Ingwer und Knoblauch goldbraun braten. Das Gemüse hinzufügen und 1 Minute lang anbraten. Honig, Obstessig und Sojasauce hinzufügen und mit Salz und Pfeffer würzen. Gut vermischen und vor dem Servieren noch einmal erhitzen.

Gebratenes Frühlingsgemüse

Für 4 Personen

45 ml/3 Esslöffel Erdnussöl (Erdnüsse).
2 Knoblauchzehen, zerdrückt
Salz
30 ml/2 Esslöffel Sojasauce
30 ml/2 Esslöffel Hoisinsauce
6 Frühlingszwiebeln (Frühlingszwiebeln), gehackt
1 rote Paprika, gehackt
1 grüne Paprika, gehackt

100 g Sojasprossen

225 g Zuckerschoten (Mangetaways), in 4 Stücke geschnitten

5 ml/1 Teelöffel Tomatenpüree (Paste)

5 ml/1 Teelöffel Maismehl (Maisstärke)

120 ml/4 fl oz/½ Tasse Hühnerbrühe

ein paar Tropfen Zitronensaft

60 ml/4 Esslöffel gehackter Schnittlauch

Erhitzen Sie das Öl und braten Sie den Knoblauch und das Salz an, bis sie leicht gebräunt sind. Soja- und Hoisinsauce hinzufügen und 1 Minute lang anbraten. Paprika, Sojasprossen und Zuckerschoten dazugeben und unter Rühren kochen, bis sie weich, aber noch knusprig sind. Tomatenpüree und Maisstärke in die Brühe einrühren und in die Pfanne geben. Zum Kochen bringen und unter Rühren köcheln lassen, bis die Soße eindickt. Mit Zitronensaft beträufeln, vermischen und mit Schnittlauch bestreut servieren.

Gedämpftes mariniertes Gemüse

Für 4 Personen

30 ml/2 Esslöffel Erdnussöl (Erdnüsse).

225 g Brokkoliröschen

225 g Blumenkohlröschen

100 g Austernpilze

2 Karotten, in dünne Scheiben geschnitten

1 Stange Sellerie, in dünne Scheiben geschnitten

120 ml/4 fl oz/½ Tasse trockener Weißwein

30 ml/2 Esslöffel Pflaumensauce

30 ml/2 Esslöffel Sojasauce

Saft von 1 Orange

5 ml/1 Teelöffel frisch gemahlener Pfeffer

30 ml/2 Esslöffel Weinessig

Das Öl erhitzen und das Gemüse etwa 5 Minuten anbraten, dann in eine Schüssel geben. Wein, Pflaumensauce, Sojasauce, Orangensaft und Pfeffer hinzufügen und gut verrühren. Abdecken und über Nacht kühl stellen.

Geben Sie das marinierte Gemüse in einen Dampfgarer, decken Sie es ab und garen Sie es in kochendem Wasser, dem Sie den Weinessig hinzugefügt haben, etwa 15 Minuten lang.

Pflanzliche Überraschungen

Für 4 Personen

225 g Brokkoliröschen

225 g Blumenkohlröschen

225 g/8 Unzen Rosenkohl

30 ml/2 Esslöffel Honig

30 ml/2 Esslöffel Sojasauce

30 ml/2 Esslöffel Weinessig

5 ml/1 Teelöffel Fünf-Gewürze-Pulver

Salz und frisch gemahlener Pfeffer

225 g/8 Unzen/2 Tassen einfaches (Allzweck-)Mehl.
250 ml/8 fl oz/1 Tasse trockener Weißwein
2 Eier, getrennt
15 ml/1 Esslöffel abgeriebene Zitronenschale
Frittieröl

Das Gemüse 1 Minute in kochendem Wasser blanchieren, dann abtropfen lassen. Honig, Sojasauce, Weinessig, Fünf-Gewürze-Pulver, Salz und Pfeffer vermischen. Das Gemüse in die Marinade geben, abdecken und unter gelegentlichem Rühren 2 Stunden im Kühlschrank lagern. Mehl, Wein und Eigelb glatt rühren. Das Eiweiß steif schlagen und dann unter die Masse rühren. Mit Salz, Pfeffer und Zitronenschale würzen. Das Gemüse abtropfen lassen und in den Teig tauchen. Das Öl erhitzen und goldbraun braten. Vor dem Servieren auf Küchenpapier abtropfen lassen.

Gemischtes süß-saures Gemüse

Für 4 Personen

45 ml/3 Esslöffel Erdnussöl (Erdnüsse).

2,5 ml/½ Teelöffel Salz

2 Knoblauchzehen, zerdrückt

2 Karotten, in Scheiben geschnitten

1 grüne Paprika, gewürfelt

100 g Bambussprossen, in Streifen geschnitten

1 Zwiebel, in Spalten geschnitten

100 g Wasserkastanien, in Streifen geschnitten

100 g Zucker

60 ml/4 Esslöffel Hühnerbrühe

60 ml/4 Esslöffel Weinessig

30 ml/2 Esslöffel Sojasauce

15 ml/1 Esslöffel Maismehl (Maisstärke)

Öl, Salz und Knoblauch erhitzen, bis der Knoblauch leicht gebräunt ist. Karotten, Paprika, Bambussprossen und Zwiebeln hinzufügen und 3 Minuten braten. Die Wasserkastanien dazugeben und 2 Minuten unter Rühren anbraten. Zucker, Brühe, Weinessig, Sojasauce und Speisestärke einrühren und in die Pfanne rühren. Unter Rühren kochen, bis die Soße eindickt und heller wird.

Gemüse in Tomatensauce

Für 4 Personen

30 ml/2 Esslöffel Erdnussöl (Erdnüsse).

2 Knoblauchzehen, zerdrückt

5 ml/1 Teelöffel Salz

100 g geräucherter Speck, gewürfelt

30 ml/2 Esslöffel Tomatenpüree (Paste)

30 ml/2 Esslöffel Sojasauce

30 ml/2 Esslöffel Honig

30 ml/2 Esslöffel Hoisinsauce

300 ml/½ pt/1 ¼ Tassen Gemüsebrühe

1 rote Paprika, in Streifen geschnitten
1 grüne Paprika, in Streifen geschnitten
1 Stange Sellerie, in Streifen geschnitten
100 g Sojasprossen
100 g grüne Erbsen
10 ml/2 Teelöffel Weinessig

Erhitzen Sie das Öl und braten Sie den Knoblauch und das Salz an, bis sie leicht gebräunt sind. Den Speck dazugeben und knusprig braten. Tomatenpüree, Sojasauce, Honig, Hoisinsauce und Brühe verrühren. Geben Sie das Gemüse in die Pfanne und braten Sie es 2 Minuten lang an, bis es mit Öl bedeckt ist. Die Brühe dazugeben, zum Kochen bringen, abdecken und etwa 20 Minuten köcheln lassen, bis alles gar ist.

Wasserkastanienkuchen

Für 4 Personen

100 g Sesamsamen

900 g/2 Pfund Wasserkastanien

15 ml/1 Esslöffel einfaches (Allzweck-)Mehl.

5 ml/1 Teelöffel Salz

frisch gemahlener Pfeffer

225 g rote Bohnenpaste

Frittieröl

120 ml/4 fl oz/½ Tasse Gemüsebrühe

15 ml/1 Esslöffel Sesamöl

5 ml/1 Teelöffel Zimt

Die Sesamkörner in einer trockenen Pfanne rösten, bis sie leicht gebräunt sind. Die Wasserkastanien hacken und einen Teil des Wassers abgießen. Mit Mehl, Salz und Pfeffer vermischen und zu Kugeln formen. Drücken Sie jeweils etwas Bohnenpaste in die Mitte. Bedecken Sie die Kuchen mit Sesamkörnern. Das Öl erhitzen und die Kuchen etwa 3 Minuten braten, dann aus der Pfanne nehmen und abtropfen lassen. Gießen Sie alles bis auf 30 ml/2 EL Öl aus der Pfanne, geben Sie die Kuchen dann wieder in die Pfanne und braten Sie sie bei schwacher Hitze 4 Minuten lang. Die restlichen Zutaten dazugeben, aufkochen und köcheln lassen, bis der größte Teil der Flüssigkeit aufgesogen ist. Auf eine vorgewärmte Servierplatte geben und sofort servieren.

Einfaches gebratenes Hähnchen

Für 4 Personen

1 Hähnchenbrust, in dünne Scheiben geschnitten
2 Scheiben Ingwerwurzel, gehackt
2 Frühlingszwiebeln (Frühlingszwiebeln), gehackt
15 ml/1 Esslöffel Maismehl (Maisstärke)
15 ml/1 Esslöffel Reiswein oder trockener Sherry
30 ml/2 Esslöffel Wasser
2,5 ml/½ Teelöffel Salz
45 ml/3 Esslöffel Erdnussöl (Erdnüsse).
100 g Bambussprossen, in Scheiben geschnitten
100g Champignons, in Scheiben geschnitten
100 g Sojasprossen
15 ml/1 Esslöffel Sojasauce
5 ml/1 Teelöffel Zucker
120 ml/4 fl oz/½ Tasse Hühnerbrühe

Legen Sie das Huhn in eine Schüssel. Ingwer, Frühlingszwiebeln, Maisstärke, Wein oder Sherry, Wasser und Salz vermischen, zum Hähnchen geben und 1 Stunde ruhen lassen. Die Hälfte des Öls erhitzen und das Hähnchen in der Pfanne anbraten, bis es leicht gebräunt ist, dann aus der Pfanne nehmen. Das restliche Öl erhitzen und die Bambussprossen, Pilze und Sojasprossen 4

Minuten lang anbraten. Sojasauce, Zucker und Brühe hinzufügen, aufkochen und zugedeckt 5 Minuten köcheln lassen, bis das Gemüse gerade zart ist. Geben Sie das Hähnchen wieder in die Pfanne, vermischen Sie es gut und erhitzen Sie es vor dem Servieren noch einmal vorsichtig.

Hähnchen in Tomatensauce

Für 4 Personen
30 ml/2 Esslöffel Erdnussöl (Erdnüsse).
5 ml/1 Teelöffel Salz
2 Knoblauchzehen, zerdrückt
450 g Hähnchen, gewürfelt
300 ml/½ pt/1¼ Tassen Hühnerbrühe
120 ml/4 fl oz/½ Tasse Tomatenketchup (Ketchup)
15 ml/1 Esslöffel Maismehl (Maisstärke)
4 Frühlingszwiebeln (Frühlingszwiebeln), in Scheiben geschnitten

Das Öl mit Salz und Knoblauch erhitzen, bis der Knoblauch leicht gebräunt ist. Das Hähnchen dazugeben und unter Rühren anbraten, bis es leicht gebräunt ist. Den größten Teil der Brühe dazugeben, zum Kochen bringen und zugedeckt etwa 15 Minuten köcheln lassen, bis das Hähnchen weich ist. Restliche Brühe mit Ketchup und Maismehl vermischen und in die Pfanne rühren.

Unter Rühren köcheln lassen, bis die Soße eindickt und heller wird. Wenn die Soße zu dünn ist, lassen Sie sie eine Weile köcheln, bis sie eingekocht ist. Die Frühlingszwiebeln dazugeben und vor dem Servieren 2 Minuten köcheln lassen.

Huhn mit Tomaten

Für 4 Personen

225 g Hähnchen, gewürfelt
15 ml/1 Esslöffel Maismehl (Maisstärke)
15 ml/1 Esslöffel Sojasauce
15 ml/1 Esslöffel Reiswein oder trockener Sherry
45 ml/3 Esslöffel Erdnussöl (Erdnüsse).
1 Zwiebel, gewürfelt
60 ml/4 Esslöffel Hühnerbrühe
5 ml/1 Teelöffel Salz
5 ml/1 Teelöffel Zucker
2 Tomaten, geschält und in Würfel geschnitten

Das Hähnchen mit Maisstärke, Sojasauce und Wein oder Sherry vermischen und 30 Minuten ruhen lassen. Das Öl erhitzen und das Hähnchen darin anbraten, bis es leicht Farbe bekommt. Die Zwiebel dazugeben und anbraten, bis sie weich ist. Brühe, Salz und Zucker hinzufügen, zum Kochen bringen und bei schwacher

Hitze vorsichtig rühren, bis das Hähnchen gar ist. Fügen Sie die Tomaten hinzu und rühren Sie, bis sie durchgewärmt sind.

Pochiertes Hähnchen mit Tomaten

Für 4 Personen

4 Portionen Hühnchen
4 Tomaten, geschält und geviertelt
15 ml/1 Esslöffel Reiswein oder trockener Sherry
15 ml/1 Esslöffel Erdnussöl (Erdnüsse).
Salz

Legen Sie das Hähnchen in eine Pfanne und bedecken Sie es knapp mit kaltem Wasser. Aufkochen, abdecken und 20 Minuten köcheln lassen. Tomaten, Wein oder Sherry, Öl und Salz hinzufügen, abdecken und weitere 10 Minuten köcheln lassen, bis das Hähnchen gar ist. Das Hähnchen auf eine vorgewärmte Servierplatte legen und in Stücke schneiden. Erhitzen Sie die Sauce erneut und gießen Sie sie zum Servieren über das Huhn.

Hähnchen und Tomaten mit schwarzer Bohnensauce

Für 4 Personen

45 ml/3 Esslöffel Erdnussöl (Erdnüsse).

1 Knoblauchzehe, zerdrückt

45 ml/3 Esslöffel schwarze Bohnensauce

225 g Hähnchen, gewürfelt

15 ml/1 Esslöffel Reiswein oder trockener Sherry

5 ml/1 Teelöffel Zucker

15 ml/1 Esslöffel Sojasauce

90 ml/6 Esslöffel Hühnerbrühe

3 Tomaten, geschält und geviertelt

10 ml/2 Teelöffel Maismehl (Maisstärke)

45 ml/3 Esslöffel Wasser

Das Öl erhitzen und den Knoblauch 30 Sekunden lang anbraten. Fügen Sie die schwarze Bohnensauce hinzu und braten Sie sie 30 Sekunden lang. Fügen Sie dann das Huhn hinzu und rühren Sie, bis es gut mit Öl bedeckt ist. Wein oder Sherry, Zucker, Sojasauce und Brühe hinzufügen, zum Kochen bringen, abdecken und etwa 5 Minuten köcheln lassen, bis das Huhn gar ist. Maismehl und Wasser zu einer Paste vermischen, in die Pfanne rühren und unter Rühren köcheln lassen, bis die Soße heller und dicker wird.

Schnell kochendes Hähnchen mit Gemüse

Für 4 Personen

1 Eiweiß

50 g/2 Unzen Maismehl (Maisstärke)

225 g Hähnchenbrust, in Streifen geschnitten

75 ml/5 Esslöffel Erdnussöl (Erdnüsse).

200 g Bambussprossen, in Streifen geschnitten

50 g Sojasprossen

1 grüne Paprika, in Streifen geschnitten

3 Frühlingszwiebeln (Frühlingszwiebeln), in Scheiben geschnitten

1 Scheibe Ingwerwurzel, gehackt

1 Knoblauchzehe, gehackt

15 ml/1 Esslöffel Reiswein oder trockener Sherry

Eiweiß und Maisstärke verquirlen, dann die Hähnchenstreifen in die Mischung tauchen. Erhitzen Sie das Öl bei mittlerer Hitze und braten Sie das Hähnchen einige Minuten lang, bis es gar ist. Aus der Pfanne nehmen und gut abtropfen lassen. Bambussprossen, Sojasprossen, Pfeffer, Zwiebeln, Ingwer und Knoblauch in die Pfanne geben und 3 Minuten lang anbraten. Den Wein oder Sherry hinzufügen und das Huhn wieder in die Pfanne geben. Gut vermischen und vor dem Servieren noch einmal erhitzen.

Huhn mit Walnüssen

Für 4 Personen

45 ml/3 Esslöffel Erdnussöl (Erdnüsse).
2 Frühlingszwiebeln (Frühlingszwiebeln), gehackt
1 Scheibe Ingwerwurzel, gehackt
450 g Hähnchenbrust, sehr dünn geschnitten
50 g Schinken, gehackt
30 ml/2 Esslöffel Sojasauce
30 ml/2 Esslöffel Reiswein oder trockener Sherry
5 ml/1 Teelöffel Zucker
5 ml/1 Teelöffel Salz
100 g/4 Unzen/1 Tasse Walnüsse, gehackt

Das Öl erhitzen und die Zwiebeln und den Ingwer 1 Minute anbraten. Hähnchen und Schinken dazugeben und 5 Minuten unter Rühren braten, bis sie fast gar sind. Sojasauce, Wein oder

Sherry, Zucker und Salz hinzufügen und 3 Minuten unter Rühren braten. Die Nüsse dazugeben und 1 Minute lang anbraten, bis die Zutaten gut vermischt sind.

Huhn mit Walnüssen

Für 4 Personen

100 g/4 oz/1 Tasse geschälte Walnüsse, halbiert
Frittieröl
45 ml/3 Esslöffel Erdnussöl (Erdnüsse).
2 Scheiben Ingwerwurzel, gehackt
225 g Hähnchen, gewürfelt
100 g Bambussprossen, in Scheiben geschnitten
75 ml/5 Esslöffel Hühnerbrühe

Bereiten Sie die Walnüsse vor, erhitzen Sie das Öl und braten Sie die Walnüsse goldbraun an, dann lassen Sie sie gut abtropfen. Erdnussöl erhitzen und Ingwer 30 Sekunden anbraten. Das Hähnchen dazugeben und unter Rühren anbraten, bis es leicht gebräunt ist. Die restlichen Zutaten hinzufügen, aufkochen und unter Rühren köcheln lassen, bis das Hähnchen gar ist.

Huhn mit Wasserkastanien

Für 4 Personen

45 ml/3 Esslöffel Erdnussöl (Erdnüsse).

2 Knoblauchzehen, zerdrückt

2 Frühlingszwiebeln (Frühlingszwiebeln), gehackt

1 Scheibe Ingwerwurzel, gehackt

225 g Hähnchenbrust, in Flocken geschnitten

100 g Wasserkastanien, in Flocken geschnitten

45 ml/3 Esslöffel Sojasauce

15 ml/1 Esslöffel Reiswein oder trockener Sherry

5 ml/1 Teelöffel Maismehl (Maisstärke)

Das Öl erhitzen und Knoblauch, Frühlingszwiebeln und Ingwer anbraten, bis sie leicht gebräunt sind. Das Hähnchen dazugeben und 5 Minuten unter Rühren braten. Die Wasserkastanien dazugeben und 3 Minuten braten. Sojasauce, Wein oder Sherry und Maismehl hinzufügen und etwa 5 Minuten unter Rühren braten, bis das Huhn gar ist.

Pikantes Hähnchen mit Wasserkastanien

Für 4 Personen

30 ml/2 Esslöffel Erdnussöl (Erdnüsse).

4 Stück Hühnchen

3 Frühlingszwiebeln (Frühlingszwiebeln), gehackt

2 Knoblauchzehen, zerdrückt

1 Scheibe Ingwerwurzel, gehackt

250 ml/8 fl oz/1 Tasse Sojasauce

30 ml/2 Esslöffel Reiswein oder trockener Sherry

30 ml/2 Esslöffel brauner Zucker

5 ml/1 Teelöffel Salz

375 ml/13 fl oz/1¼ Tassen Wasser

225 g Wasserkastanien, in Scheiben geschnitten

15 ml/1 Esslöffel Maismehl (Maisstärke)

Das Öl erhitzen und die Hähnchenteile goldbraun braten. Frühlingszwiebeln, Knoblauch und Ingwer hinzufügen und 2 Minuten braten. Sojasauce, Wein oder Sherry, Zucker und Salz hinzufügen und gut vermischen. Wasser hinzufügen und zum Kochen bringen, abdecken und 20 Minuten köcheln lassen. Die Wasserkastanien hinzufügen, abdecken und weitere 20 Minuten kochen lassen. Die Speisestärke mit etwas Wasser verrühren, zur Soße geben und unter Rühren köcheln lassen, bis die Soße heller wird und eindickt.

Hühnchen-Wontons

Für 4 Personen

4 getrocknete chinesische Pilze
450 g Hähnchenbrust, gehackt
225 g gemischtes Gemüse, gehackt
1 Frühlingszwiebel (Frühlingszwiebel), gehackt
15 ml/1 Esslöffel Sojasauce
2,5 ml/½ Teelöffel Salz
40 Wan-Tan-Häute
1 geschlagenes Ei

Die Pilze 30 Minuten in warmem Wasser einweichen, dann abtropfen lassen. Die Stiele entfernen und die Kappen hacken. Mit Hühnchen, Gemüse, Sojasauce und Salz vermischen.

Um die Wan-Tans zu falten, halten Sie die Wan-Tan-Schale in der linken Handfläche und geben Sie etwas Füllung in die Mitte. Befeuchten Sie die Ränder mit dem Ei, falten Sie die Haut zu einem Dreieck und verschließen Sie die Ränder. Befeuchten Sie die Ecken mit Ei und drehen Sie sie zusammen.

Bringen Sie einen Topf Wasser zum Kochen. Tauchen Sie die Wontons ein und lassen Sie sie etwa 10 Minuten köcheln, bis sie an der Oberfläche schwimmen.

Knusprige Hähnchenflügel

Für 4 Personen

900 g Hähnchenflügel
60 ml/4 Esslöffel Reiswein oder trockener Sherry
60 ml/4 Esslöffel Sojasauce
50 g/2 oz/½ Tasse Maismehl (Maisstärke)
Erdnussöl (Erdnüsse) zum Braten

Die Chicken Wings in eine Schüssel geben. Die restlichen Zutaten vermischen und über die Hähnchenflügel gießen, dabei gut umrühren, sodass sie mit der Soße bedeckt sind. Abdecken und 30 Minuten ruhen lassen. Erhitzen Sie das Öl und braten Sie das Hähnchen portionsweise an, bis es gut gegart und dunkelbraun ist. Auf Küchenpapier gut abtropfen lassen und warm halten, während das restliche Hähnchen gebraten wird.

Hähnchenflügel mit fünf Gewürzen

Für 4 Personen

30 ml/2 Esslöffel Erdnussöl (Erdnüsse).

2 Knoblauchzehen, zerdrückt

450 g Hähnchenflügel

250 ml/8 fl oz/1 Tasse Hühnerbrühe

30 ml/2 Esslöffel Sojasauce

5 ml/1 Teelöffel Zucker

5 ml/1 Teelöffel Fünf-Gewürze-Pulver

Öl und Knoblauch erhitzen, bis der Knoblauch leicht gebräunt ist. Das Hähnchen dazugeben und anbraten, bis es leicht gebräunt ist. Die anderen Zutaten dazugeben, gut vermischen und zum Kochen bringen. Abdecken und etwa 15 Minuten köcheln lassen, bis das Huhn gar ist. Den Deckel abnehmen und unter gelegentlichem Rühren weiter köcheln lassen, bis fast die gesamte Flüssigkeit verdampft ist. Heiß oder kalt servieren.

Marinierte Hähnchenflügel

Für 4 Personen

45 ml/3 Esslöffel Sojasauce

45 ml/3 Esslöffel Reiswein oder trockener Sherry

30 ml/2 Esslöffel brauner Zucker

5 ml/1 Teelöffel geriebene Ingwerwurzel

2 Knoblauchzehen, zerdrückt

6 Frühlingszwiebeln (Frühlingszwiebeln), in Scheiben geschnitten

450 g Hähnchenflügel

30 ml/2 Esslöffel Erdnussöl (Erdnüsse).

225 g Bambussprossen, in Scheiben geschnitten

20 ml/4 Teelöffel Maismehl (Maisstärke)

175 ml/6 fl oz/¾ Tasse Hühnerbrühe

Sojasauce, Wein oder Sherry, Zucker, Ingwer, Knoblauch und Frühlingszwiebeln unterrühren. Fügen Sie die Hähnchenflügel hinzu und schwenken Sie sie, bis sie vollständig bedeckt sind. Abdecken und 1 Stunde ruhen lassen, dabei gelegentlich umrühren. Das Öl erhitzen und die Bambussprossen 2 Minuten lang anbraten. Nehmen Sie sie aus der Pfanne. Hähnchen und Zwiebeln abtropfen lassen und die Marinade auffangen. Das Öl erhitzen und das Hähnchen von allen Seiten goldbraun braten. Abdecken und weitere 20 Minuten garen, bis das Hähnchen zart ist. Die Maisstärke mit der Brühe und der beiseite gestellten Marinade verrühren. Über das Hähnchen gießen und unter Rühren aufkochen, bis die Sauce eindickt. Die Bambussprossen einrühren und unter Rühren weitere 2 Minuten köcheln lassen.

Echte Chicken Wings

Für 4 Personen

12 Hühnerflügel

250 ml/8 fl oz/1 Tasse Erdnussöl (Erdnüsse).

15 ml/1 Esslöffel Puderzucker

2 Frühlingszwiebeln (Schalotten), in kleine Stücke geschnitten

5 Scheiben Ingwerwurzel

5 ml/1 Teelöffel Salz

45 ml/3 Esslöffel Sojasauce

250 ml/8 fl oz/1 Tasse Reiswein oder trockener Sherry

250 ml/8 fl oz/1 Tasse Hühnerbrühe

10 Scheiben Bambussprossen
15 ml/1 Esslöffel Maismehl (Maisstärke)
15 ml/1 Esslöffel Wasser
2,5 ml/½ Teelöffel Sesamöl

Die Hähnchenflügel 5 Minuten in kochendem Wasser blanchieren und dann gut abtropfen lassen. Das Öl erhitzen, den Zucker hinzufügen und rühren, bis er geschmolzen und goldbraun ist. Hähnchen, Frühlingszwiebeln, Ingwer, Salz, Sojasauce, Wein und Brühe hinzufügen, aufkochen und 20 Minuten köcheln lassen. Die Bambussprossen dazugeben und 2 Minuten köcheln lassen, bis die Flüssigkeit größtenteils verdampft ist. Mischen Sie das Maismehl mit dem Wasser, rühren Sie es in die Pfanne und rühren Sie, bis es dickflüssig ist. Die Hähnchenflügel auf eine vorgewärmte Servierplatte geben und mit Sesamöl bestreut servieren.

Gewürzte Hähnchenflügel

Für 4 Personen
30 ml/2 Esslöffel Erdnussöl (Erdnüsse).
5 ml/1 Teelöffel Salz

2 Knoblauchzehen, zerdrückt

900 g Hähnchenflügel

30 ml/2 Esslöffel Reiswein oder trockener Sherry

30 ml/2 Esslöffel Sojasauce

30 ml/2 Esslöffel Tomatenpüree (Paste)

15 ml/1 EL Worcestershire-Sauce

Öl, Salz und Knoblauch erhitzen und anbraten, bis der Knoblauch leicht goldbraun wird. Fügen Sie die Hähnchenflügel hinzu und braten Sie sie unter häufigem Rühren etwa 10 Minuten lang an, bis sie goldbraun und fast gar sind. Die restlichen Zutaten hinzufügen und etwa 5 Minuten lang braten, bis das Hähnchen knusprig und durchgegart ist.

Gegrillte Hähnchenschenkel

Für 4 Personen

16 Hähnchenschenkel

30 ml/2 Esslöffel Reiswein oder trockener Sherry

30 ml/2 Esslöffel Weinessig

30 ml/2 Esslöffel Olivenöl

Salz und frisch gemahlener Pfeffer

120 ml/4 fl oz/½ Tasse Orangensaft

30 ml/2 Esslöffel Sojasauce

30 ml/2 Esslöffel Honig

15 ml/1 Esslöffel Zitronensaft

2 Scheiben Ingwerwurzel, gehackt

120 ml/4 fl oz/½ Tasse Chilisauce

Alle Zutaten bis auf die Chilisauce vermischen, abdecken und über Nacht im Kühlschrank marinieren lassen. Nehmen Sie das Hähnchen aus der Marinade und braten oder grillen Sie es etwa 25 Minuten lang, wenden Sie es dabei um und begießen Sie es während des Kochens mit der Chilisauce.

Hoisin-Hähnchenschenkel

Für 4 Personen

8 Hähnchenschenkel

600 ml/1 pt/2½ Tassen Hühnerbrühe

Salz und frisch gemahlener Pfeffer

250 ml/8 fl oz/1 Tasse Hoisinsauce

30 ml/2 Esslöffel einfaches Mehl (Allzweck).

2 geschlagene Eier

100 g/4 Unzen/1 Tasse Semmelbrösel

Frittieröl

Die Keulen und die Brühe in einen Topf geben, zum Kochen bringen, abdecken und 20 Minuten köcheln lassen, bis sie gar sind. Nehmen Sie das Hähnchen aus der Pfanne und trocknen Sie es auf Küchenpapier ab. Das Hähnchen in eine Schüssel geben und mit Salz und Pfeffer würzen. Die Hoisinsauce darübergießen und 1 Stunde marinieren lassen. Abfluss. Tauchen Sie das Huhn in das Mehl, dann in die Eier und Semmelbrösel und dann noch einmal in das Ei und die Semmelbrösel. Das Öl erhitzen und das Hähnchen darin etwa 5 Minuten goldbraun braten. Auf Küchenpapier abtropfen lassen und heiß oder kalt servieren.

Geschmortes Huhn

Für 4–6 Personen
75 ml/5 Esslöffel Erdnussöl (Erdnüsse).
1 Huhn
3 Frühlingszwiebeln (Frühlingszwiebeln), in Scheiben geschnitten
3 Scheiben Ingwerwurzel
120 ml/4 fl oz/½ Tasse Sojasauce
30 ml/2 Esslöffel Reiswein oder trockener Sherry
5 ml/1 Teelöffel Zucker

Das Öl erhitzen und das Hähnchen darin goldbraun braten. Frühlingszwiebeln, Ingwer, Sojasauce und Wein oder Sherry hinzufügen und zum Kochen bringen. Abdecken und 30 Minuten köcheln lassen, dabei gelegentlich umrühren. Den Zucker hinzufügen, abdecken und weitere 30 Minuten köcheln lassen, bis das Hähnchen gar ist.

Knusprig frittiertes Hühnchen

Für 4 Personen

1 Huhn

Salz

30 ml/2 Esslöffel Reiswein oder trockener Sherry

3 Frühlingszwiebeln (Frühlingszwiebeln), gewürfelt

1 Scheibe Ingwerwurzel

30 ml/2 Esslöffel Sojasauce

30 ml/2 Esslöffel Zucker

5 ml/1 Teelöffel ganze Nelken

5 ml/1 Teelöffel Salz

5 ml/1 Teelöffel Pfefferkörner

150 ml/¼ pt/reichlich ½ Tasse Hühnerbrühe

Frittieröl

1 Salat, gehackt

4 Tomaten, in Scheiben geschnitten

½ Gurke, in Scheiben geschnitten

Das Hähnchen mit Salz einreiben und 3 Stunden ruhen lassen. Spülen und in eine Schüssel geben. Wein oder Sherry, Ingwer, Sojasauce, Zucker, Nelken, Salz, Pfefferkörner und Brühe hinzufügen und gut vermischen. Die Schüssel in einen Dampfgarer stellen, abdecken und etwa 2 ¼ Stunden dämpfen, bis das Hähnchen gar ist. Abfluss. Das Öl erhitzen, bis es raucht, dann das Hähnchen dazugeben und goldbraun braten. Weitere 5 Minuten braten, dann aus dem Öl nehmen und abtropfen lassen. In Stücke schneiden und auf einer vorgewärmten Servierplatte anrichten. Mit Salat, Tomaten und Gurken garnieren und mit einer Pfeffer-Salz-Sauce servieren.

Ganzes gebratenes Hähnchen

Für 5 Personen

1 Huhn

10 ml/2 Teelöffel Salz

15 ml/1 Esslöffel Reiswein oder trockener Sherry
2 Frühlingszwiebeln (Frühlingszwiebeln), halbiert
3 Scheiben Ingwerwurzel, in Streifen schneiden
Frittieröl

Tupfen Sie das Huhn trocken und reiben Sie die Haut mit Salz und Wein oder Sherry ein. Geben Sie die Frühlingszwiebeln und den Ingwer in die Mulde. Hängen Sie das Huhn zum Trocknen etwa 3 Stunden lang an einen kühlen Ort. Das Öl erhitzen und das Hähnchen in einen Frittierkorb legen. Vorsichtig in das Öl eintauchen und kontinuierlich innen und außen begießen, bis das Hähnchen leicht gefärbt ist. Aus dem Öl nehmen und etwas abkühlen lassen, während das Öl erhitzt wird. Nochmals goldbraun braten. Gut abtropfen lassen und dann in kleine Stücke schneiden.

Hähnchen mit fünf Gewürzen

Für 4–6 Personen

1 Huhn
120 ml/4 fl oz/½ Tasse Sojasauce
2,5 cm/1 Stück Ingwerwurzel, gehackt
1 Knoblauchzehe, zerdrückt
15 ml/1 EL Fünf-Gewürze-Pulver
30 ml/2 Esslöffel Reiswein oder trockener Sherry

30 ml/2 Esslöffel Honig

2,5 ml/½ Teelöffel Sesamöl

Frittieröl

30 ml/2 Esslöffel Salz

5 ml/1 Teelöffel frisch gemahlener Pfeffer

Legen Sie das Hähnchen in einen großen Topf und füllen Sie ihn bis zur Hälfte des Oberschenkels mit Wasser. 15 ml/1 EL Sojasauce beiseite stellen und den Rest mit Ingwer, Knoblauch und der Hälfte des Fünf-Gewürze-Pulvers in die Pfanne geben. Aufkochen, abdecken und 5 Minuten köcheln lassen. Schalten Sie den Herd aus und lassen Sie das Huhn im Wasser ruhen, bis das Wasser lauwarm ist. Abfluss.

Das Hähnchen der Länge nach halbieren und mit der Schnittfläche nach unten in eine Auflaufform legen. Die restliche Sojasauce und das Fünf-Gewürze-Pulver mit Wein oder Sherry, Honig und Sesamöl vermischen. Das Hähnchen mit der Mischung einreiben und 2 Stunden ruhen lassen, dabei gelegentlich mit der Mischung bestreichen. Erhitzen Sie das Öl und braten Sie die Hähnchenhälften etwa 15 Minuten lang, bis sie goldbraun und gar sind. Auf Küchenpapier abtropfen lassen und in portionierte Stücke schneiden.

In der Zwischenzeit Salz und Pfeffer mischen und in einer trockenen Pfanne etwa 2 Minuten erhitzen. Als Dip zum Hähnchen servieren.

Hähnchen mit Ingwer und Frühlingszwiebeln

Für 4 Personen

1 Huhn

2 Scheiben Ingwerwurzel, in Streifen schneiden

Salz und frisch gemahlener Pfeffer

90 ml/4 Esslöffel Erdnussöl (Erdnüsse).
8 Frühlingszwiebeln (Frühlingszwiebeln), fein gehackt
10 ml/2 Teelöffel Weißweinessig
5 ml/1 Teelöffel Sojasauce

Geben Sie das Hähnchen in einen großen Topf, geben Sie die Hälfte des Ingwers hinzu und gießen Sie so viel Wasser hinein, dass das Hähnchen fast bedeckt ist. Mit Salz und Pfeffer würzen. Zum Kochen bringen, abdecken und etwa 1¼ Stunden köcheln lassen, bis es weich ist. Lassen Sie das Huhn in der Brühe ruhen, bis es abgekühlt ist. Das Hähnchen abgießen und kühl stellen, bis es kalt ist. In Portionen schneiden.

Den restlichen Ingwer reiben und mit Öl, Frühlingszwiebeln, Weinessig und Sojasauce, Salz und Pfeffer vermischen. 1 Stunde kühl stellen. Legen Sie die Hähnchenstücke in eine Servierschüssel und gießen Sie die Ingwersauce darüber. Mit gedünstetem Reis servieren.

Pochiertes Hähnchen

Für 4 Personen

1 Huhn
1,2 l/2 Teile/5 Tassen Hühnerbrühe oder Wasser

30 ml/2 Esslöffel Reiswein oder trockener Sherry

4 Frühlingszwiebeln (Frühlingszwiebeln), gehackt

1 Scheibe Ingwerwurzel

5 ml/1 Teelöffel Salz

Das Hähnchen mit allen anderen Zutaten in einen großen Topf geben. Die Brühe bzw. das Wasser sollte bis zur Hälfte des Oberschenkels reichen. Zum Kochen bringen, abdecken und etwa 1 Stunde köcheln lassen, bis das Hähnchen gut gegart ist. Abgießen und die Brühe für Suppen auffangen.

Rotes gekochtes Huhn

Für 4 Personen

1 Huhn

250 ml/8 fl oz/1 Tasse Sojasauce

Legen Sie das Hähnchen in eine Pfanne, gießen Sie die Sojasauce darüber und füllen Sie es mit Wasser auf, bis es das Hähnchen fast bedeckt. Zum Kochen bringen, abdecken und etwa 1 Stunde köcheln lassen, bis das Hähnchen gar ist, dabei gelegentlich umrühren.

Rot gekochtes, gewürztes Hähnchen

Für 4 Personen

2 Scheiben Ingwerwurzel

2 Frühlingszwiebeln (Schalotte)

1 Huhn

3 Zehen Sternanis

½ Zimtstange

15 ml/1 Esslöffel Szechuan-Pfefferkörner

75 ml/5 Esslöffel Sojasauce

75 ml/5 Esslöffel Reiswein oder trockener Sherry

75 ml/5 Esslöffel Sesamöl

15 ml/1 Esslöffel Zucker

Geben Sie den Ingwer und die Frühlingszwiebeln in die Hähnchenhöhle und legen Sie das Hähnchen in eine Pfanne. Sternanis, Zimt und Pfefferkörner in ein Stück Musselin binden und in die Pfanne geben. Sojasauce, Wein oder Sherry und Sesamöl darübergießen. Aufkochen, abdecken und ca. 45 Minuten köcheln lassen. Den Zucker hinzufügen, abdecken und weitere 10 Minuten köcheln lassen, bis das Hähnchen gar ist.

Sesamgebratenes Hähnchen

Für 4 Personen

50 g Sesamsamen

1 Zwiebel, fein gehackt

2 Knoblauchzehen, gehackt

10 ml/2 Teelöffel Salz
1 getrocknete rote Chili, gehackt
eine Prise gemahlene Nelken
2,5 ml/½ Teelöffel gemahlener Kardamom
2,5 ml/½ Teelöffel gemahlener Ingwer
75 ml/5 Esslöffel Erdnussöl (Erdnüsse).
1 Huhn

Alle Gewürze und Öl vermischen und das Hähnchen damit bestreichen. Legen Sie es auf ein Backblech und geben Sie 30 ml/2 Esslöffel Wasser auf das Blech. Im vorgeheizten Backofen bei 180 °C/350 °F/Gas Stufe 4 etwa 2 Stunden braten, dabei das Hähnchen gelegentlich begießen und wenden, bis das Hähnchen goldbraun und durchgegart ist. Bei Bedarf noch etwas Wasser hinzufügen, um ein Anbrennen zu verhindern.

Huhn in Sojasauce

Für 4–6 Personen
300 ml/½ pt/1¼ Tassen Sojasauce
300 ml/½ pt/1¼ Tassen Reiswein oder trockener Sherry
1 Zwiebel, gehackt

3 Scheiben Ingwerwurzel, gehackt

50 g Zucker

1 Huhn

15 ml/1 Esslöffel Maismehl (Maisstärke)

60 ml/4 Esslöffel Wasser

1 Gurke, geschält und in Scheiben geschnitten

30 ml/2 Esslöffel gehackte frische Petersilie

Sojasauce, Wein oder Sherry, Zwiebel, Ingwer und Zucker in einer Pfanne vermischen und zum Kochen bringen. Das Hähnchen dazugeben, erneut aufkochen lassen, abdecken und 1 Stunde köcheln lassen, dabei das Hähnchen gelegentlich wenden, bis das Hähnchen gar ist. Das Hähnchen auf eine vorgewärmte Servierplatte geben und in Scheiben schneiden. Gießen Sie alles bis auf 250 ml/8 fl oz/1 Tasse Kochflüssigkeit hinein und bringen Sie es erneut zum Kochen. Maismehl und Wasser zu einer Paste vermischen, in die Pfanne rühren und unter Rühren köcheln lassen, bis die Soße heller und dicker wird. Etwas Soße über das Hähnchen streichen und das Hähnchen mit Gurke und Petersilie garnieren. Die restliche Soße dazu servieren.

Gedämpftes Hähnchen

Für 4 Personen

1 Huhn

45 ml/3 Esslöffel Reiswein oder trockener Sherry
Salz
2 Scheiben Ingwerwurzel
2 Frühlingszwiebeln (Schalotte)
250 ml/8 fl oz/1 Tasse Hühnerbrühe

Legen Sie das Hähnchen in eine ofenfeste Schüssel, reiben Sie es mit Wein oder Sherry und Salz ein und geben Sie den Ingwer und die Frühlingszwiebeln in die Mulde. Stellen Sie die Schüssel auf ein Gestell in einen Dampfgarer, decken Sie sie ab und dämpfen Sie sie etwa eine Stunde lang über kochendem Wasser, bis sie gar sind. Heiß oder kalt servieren.

Gedämpftes Hähnchen mit Anis

Für 4 Personen
250 ml/8 fl oz/1 Tasse Sojasauce
250 ml/8 fl oz/1 Tasse Wasser

15 ml/1 Esslöffel brauner Zucker
4 Zehen Sternanis
1 Huhn

Sojasauce, Wasser, Zucker und Anis in einem Topf vermischen und leicht aufkochen lassen. Legen Sie das Hähnchen in eine Schüssel und fetten Sie es innen und außen gründlich mit der Mischung ein. Erhitzen Sie die Mischung erneut und wiederholen Sie den Vorgang. Hähnchen in eine ofenfeste Schüssel geben. Stellen Sie die Schüssel auf ein Gestell in einen Dampfgarer, decken Sie sie ab und dämpfen Sie sie etwa eine Stunde lang über kochendem Wasser, bis sie gar sind.

Seltsam schmeckendes Hühnchen

Für 4 Personen

1 Huhn

5 ml/1 Teelöffel gehackte Ingwerwurzel

5 ml/1 Teelöffel gehackter Knoblauch

45 ml/3 Esslöffel dicke Sojasauce

5 ml/1 Teelöffel Zucker

2,5 ml/½ Teelöffel Weinessig

10 ml/2 Teelöffel Sesamsauce

5 ml/1 Teelöffel frisch gemahlener Pfeffer

10 ml/2 Teelöffel Chiliöl

½ Salat, gehackt

15 ml/1 Esslöffel gehackter frischer Koriander

Legen Sie das Hähnchen in eine Pfanne und füllen Sie es bis zur Hälfte der Hähnchenschenkel mit Wasser. Zum Kochen bringen, abdecken und etwa 1 Stunde köcheln lassen, bis das Hähnchen weich ist. Aus der Pfanne nehmen, gut abtropfen lassen und in Eiswasser tauchen, bis das Fleisch vollständig abgekühlt ist. Gut abtropfen lassen und in 5 cm/2 cm große Stücke schneiden. Alle anderen Zutaten vermischen und über das Hähnchen gießen. Mit Salat und Koriander garniert servieren.

Knusprige Hähnchenstücke

Für 4 Personen

100 g einfaches Mehl (Allzweck).

Prise Salz

15 ml/1 Esslöffel Wasser

1 Ei

350 g gekochtes Hähnchen, gewürfelt

Frittieröl

Mehl, Salz, Wasser und Ei verrühren, bis ein ziemlich fester Teig entsteht, bei Bedarf etwas Wasser hinzufügen. Tauchen Sie die Hähnchenstücke in den Teig, bis sie gut bedeckt sind. Erhitzen Sie das Öl, bis es sehr heiß ist, und braten Sie das Hähnchen einige Minuten lang, bis es knusprig und goldbraun ist.

Huhn mit grünen Bohnen

Für 4 Personen

45 ml/3 Esslöffel Erdnussöl (Erdnüsse).

450 g/1 Pfund gekochtes Hähnchen, gehackt

5 ml/1 Teelöffel Salz

2,5 ml/½ Teelöffel frisch gemahlener Pfeffer

225 g grüne Bohnen, in Stücke geschnitten

1 Stange Sellerie, schräg geschnitten

225 g Champignons, in Scheiben geschnitten

250 ml/8 fl oz/1 Tasse Hühnerbrühe

30 ml/2 Esslöffel Maismehl (Maisstärke)

60 ml/4 Esslöffel Wasser

10 ml/2 Teelöffel Sojasauce

Das Öl erhitzen und das Hähnchen mit Salz und Pfeffer goldbraun braten. Bohnen, Sellerie und Pilze dazugeben und gut vermischen. Brühe hinzufügen, aufkochen, abdecken und 15 Minuten köcheln lassen. Maismehl, Wasser und Sojasauce zu einer Paste vermischen, in die Pfanne rühren und unter Rühren köcheln lassen, bis die Sauce heller und dicker wird.

Hühnchen mit Ananas gekocht

Für 4 Personen

45 ml/3 Esslöffel Erdnussöl (Erdnüsse).

225 g gekochtes Hähnchen, gewürfelt

Salz und frisch gemahlener Pfeffer

2 Stangen Sellerie, schräg geschnitten

3 Scheiben Ananas, in Stücke schneiden
120 ml/4 fl oz/½ Tasse Hühnerbrühe
15 ml/1 Esslöffel Sojasauce
10 ml/2 Esslöffel Maismehl (Maisstärke)
30 ml/2 Esslöffel Wasser

Das Öl erhitzen und das Hähnchen anbraten, bis es leicht gebräunt ist. Mit Salz und Pfeffer würzen, den Sellerie hinzufügen und 2 Minuten braten. Ananas, Brühe und Sojasauce hinzufügen und einige Minuten rühren, bis alles durchgeheizt ist. Maismehl und Wasser zu einer Paste vermischen, in die Pfanne rühren und unter Rühren köcheln lassen, bis die Soße heller und dicker wird.

Hähnchen mit Paprika und Tomaten

Für 4 Personen

45 ml/3 Esslöffel Erdnussöl (Erdnüsse).
450 g/1 Pfund gekochtes Hähnchen, in Scheiben geschnitten
10 ml/2 Teelöffel Salz
5 ml/1 Teelöffel frisch gemahlener Pfeffer
1 grüne Paprika, in Stücke geschnitten

4 große Tomaten, geschält und in Spalten geschnitten
250 ml/8 fl oz/1 Tasse Hühnerbrühe
30 ml/2 Esslöffel Maismehl (Maisstärke)
15 ml/1 Esslöffel Sojasauce
120 ml/4 fl oz/½ Tasse Wasser

Das Öl erhitzen und das Hähnchen mit Salz und Pfeffer goldbraun braten. Paprika und Tomaten hinzufügen. Mit der Brühe aufgießen, aufkochen und zugedeckt 15 Minuten köcheln lassen. Maismehl, Sojasauce und Wasser zu einer Paste vermischen, in die Pfanne geben und unter Rühren köcheln lassen, bis die Sauce heller und dicker wird.

Sesame Chicken

Für 4 Personen

450 g/1 Pfund gekochtes Hähnchen, in Streifen geschnitten
2 Scheiben Ingwer, fein gehackt
1 Frühlingszwiebel (Frühlingszwiebel), fein gehackt
Salz und frisch gemahlener Pfeffer

60 ml/4 Esslöffel Reiswein oder trockener Sherry

60 ml/4 Esslöffel Sesamöl

10 ml/2 Teelöffel Zucker

5 ml/1 Teelöffel Weinessig

150 ml/¼ pt/reichlich ½ Tasse Sojasauce

Das Hähnchen auf einer Servierplatte anrichten und mit Ingwer, Frühlingszwiebeln, Salz und Pfeffer bestreuen. Wein oder Sherry, Sesamöl, Zucker, Weinessig und Sojasauce vermischen. Über das Huhn gießen.

Gebratene Hühner

Für 4 Personen

2 halbierte Hähne

45 ml/3 Esslöffel Sojasauce

45 ml/3 Esslöffel Reiswein oder trockener Sherry

120 ml/4 fl oz/½ Tasse Erdnussöl.

1 Frühlingszwiebel (Frühlingszwiebel), fein gehackt

30 ml/2 Esslöffel Hühnerbrühe
10 ml/2 Teelöffel Zucker
5 ml/1 Teelöffel Chiliöl
5 ml/1 Teelöffel Knoblauchpaste
Salz und Pfeffer

Legen Sie die Hühner in eine Schüssel. Sojasauce und Wein oder Sherry vermischen, über die Pfifferlinge gießen, abdecken und 2 Stunden lang marinieren, dabei häufig begießen. Erhitzen Sie das Öl und braten Sie die Hähnchen etwa 20 Minuten lang, bis sie gar sind. Nehmen Sie sie aus der Pfanne und erhitzen Sie das Öl. Zurück in die Pfanne geben und goldbraun braten. Den größten Teil des Öls ablassen. Die restlichen Zutaten vermischen, in die Pfanne geben und schnell erhitzen. Vor dem Servieren über die Hühner gießen.

Türkiye mit Zuckerschoten

Für 4 Personen

60 ml/4 Esslöffel Erdnussöl (Erdnüsse).
2 Frühlingszwiebeln (Frühlingszwiebeln), gehackt
2 Knoblauchzehen, zerdrückt
1 Scheibe Ingwerwurzel, gehackt
225 g Putenbrust, in Streifen geschnitten
225 g Zuckerschoten (Erbsen)

100 g Bambussprossen, in Streifen geschnitten
50 g Wasserkastanien, in Streifen geschnitten
45 ml/3 Esslöffel Sojasauce
15 ml/1 Esslöffel Reiswein oder trockener Sherry
5 ml/1 Teelöffel Zucker
5 ml/1 Teelöffel Salz
15 ml/1 Esslöffel Maismehl (Maisstärke)

45 ml/3 EL Öl erhitzen und Frühlingszwiebeln, Knoblauch und Ingwer goldbraun braten. Den Truthahn dazugeben und 5 Minuten unter Rühren braten. Aus der Pfanne nehmen und beiseite stellen. Das restliche Öl erhitzen und die Zuckerschoten, Bambussprossen und Wasserkastanien 3 Minuten lang anbraten. Sojasauce, Wein oder Sherry, Zucker und Salz hinzufügen und den Truthahn wieder in die Pfanne geben. 1 Minute unter Rühren braten. Die Speisestärke mit etwas Wasser vermischen, in die Pfanne gießen und unter Rühren köcheln lassen, bis die Soße heller und dicker wird.

Truthahn mit Paprika

Für 4 Personen

4 getrocknete chinesische Pilze
30 ml/2 Esslöffel Erdnussöl (Erdnüsse).
1 Pak Choi, in Streifen geschnitten
350 g/12 oz geräucherter Truthahn, in Streifen geschnitten
1 Zwiebel, in Scheiben geschnitten
1 rote Paprika, in Streifen geschnitten

1 grüne Paprika, in Streifen geschnitten

120 ml/4 fl oz/½ Tasse Hühnerbrühe

30 ml/2 Esslöffel Tomatenpüree (Paste)

45 ml/3 Esslöffel Weinessig

30 ml/2 Esslöffel Sojasauce

15 ml/1 Esslöffel Hoisinsauce

10 ml/2 Teelöffel Maismehl (Maisstärke)

ein paar Tropfen Chiliöl

Die Pilze 30 Minuten in warmem Wasser einweichen, dann abtropfen lassen. Die Stiele entfernen und die Kappen in Streifen schneiden. Die Hälfte des Öls erhitzen und den Kohl etwa 5 Minuten lang anbraten, bis er gar ist. Aus der Pfanne nehmen. Den Truthahn dazugeben und 1 Minute lang anbraten. Das Gemüse dazugeben und 3 Minuten unter Rühren anbraten. Die Brühe mit Tomatenpüree, Weinessig und Soßen vermischen und zum Kohl in die Pfanne geben. Speisestärke mit etwas Wasser verrühren, in die Pfanne geben und unter Rühren aufkochen. Mit Chiliöl beträufeln und unter ständigem Rühren 2 Minuten köcheln lassen.

Chinesischer Truthahnbraten

Für 8–10 Personen

1 kleiner Truthahn

600 ml/1 pt/2½ Tassen heißes Wasser

10 ml/2 Teelöffel Piment

500 ml/16 fl oz/2 Tassen Sojasauce

5 ml/1 Teelöffel Sesamöl

10 ml/2 Teelöffel Salz

45 ml/3 Esslöffel Butter

Legen Sie den Truthahn in eine Pfanne und gießen Sie heißes Wasser darüber. Die anderen Zutaten außer der Butter hinzufügen und 1 Stunde unter mehrmaligem Rühren ruhen lassen. Truthahn aus der Flüssigkeit nehmen und mit Butter bestreichen. Auf ein Backblech legen, leicht mit Folie abdecken und im vorgeheizten Ofen bei 160 °C/325 °F/Gas Stufe 3 etwa 4 Stunden lang rösten, dabei gelegentlich mit der Sojasaucenflüssigkeit begießen. Entfernen Sie die Folie und lassen Sie die Haut in den letzten 30 Minuten des Garvorgangs knusprig werden.

Truthahn mit Walnüssen und Pilzen

Für 4 Personen

450 g Putenbrustfilet

Salz und Pfeffer

Saft von 1 Orange

15 ml/1 Esslöffel einfaches (Allzweck-)Mehl.

12 eingelegte schwarze Walnüsse mit Saft

5 ml/1 Teelöffel Maismehl (Maisstärke)

15 ml/1 Esslöffel Erdnussöl (Erdnüsse).

2 Frühlingszwiebeln (Frühlingszwiebeln), gewürfelt

225 g Champignons

45 ml/3 Esslöffel Reiswein oder trockener Sherry

10 ml/2 Teelöffel Sojasauce

50 g Butter

25 g Pinienkerne

Schneiden Sie den Truthahn in 1 cm/½ dicke Scheiben. Mit Salz, Pfeffer und Orangensaft bestreuen und mit Mehl bestäuben. Die Walnüsse abtropfen lassen, halbieren, dabei die Flüssigkeit auffangen und die Flüssigkeit mit der Maisstärke vermischen. Das Öl erhitzen und den Truthahn in der Pfanne goldbraun braten. Frühlingszwiebeln und Pilze dazugeben und 2 Minuten anbraten. Wein oder Sherry und Sojasauce einrühren und 30 Sekunden köcheln lassen. Die Nüsse zur Maismehlmischung geben, dann in die Pfanne rühren und zum Kochen bringen. Butter in Flöckchen dazugeben, aber nicht kochen lassen. Die Pinienkerne in einer trockenen Pfanne goldbraun rösten. Die Putenmischung in eine vorgewärmte Schüssel geben und mit Pinienkernen garniert servieren.

Ente mit Bambussprossen

Für 4 Personen

6 getrocknete chinesische Pilze

1 Ente

50 g geräucherter Schinken, in Streifen geschnitten

100 g Bambussprossen, in Streifen geschnitten

2 Frühlingszwiebeln (Schalotten), in Streifen geschnitten

2 Scheiben Ingwerwurzel, in Streifen schneiden

5 ml/1 Teelöffel Salz

Die Pilze 30 Minuten in warmem Wasser einweichen, dann abtropfen lassen. Die Stiele entfernen und die Kappen in Streifen schneiden. Geben Sie alle Zutaten in eine hitzebeständige Schüssel und stellen Sie sie in einen Topf, der bis zu zwei Dritteln mit Wasser gefüllt ist. Zum Kochen bringen, abdecken und etwa 2 Stunden köcheln lassen, bis die Ente gar ist, bei Bedarf kochendes Wasser hinzufügen.

Ente mit Sojasprossen

Für 4 Personen

225 g Sojasprossen

45 ml/3 Esslöffel Erdnussöl (Erdnüsse).
450 g/1 Pfund gekochtes Entenfleisch
15 ml/1 Esslöffel Austernsauce
15 ml/1 Esslöffel Reiswein oder trockener Sherry
30 ml/2 Esslöffel Wasser
2,5 ml/½ Teelöffel Salz

Die Sojasprossen 2 Minuten in kochendem Wasser blanchieren und dann abtropfen lassen. Das Öl erhitzen und die Sojasprossen 30 Sekunden lang anbraten. Ente hinzufügen und unter Rühren anbraten, bis alles durchgewärmt ist. Die restlichen Zutaten hinzufügen und 2 Minuten lang anbraten, um die Aromen zu vermischen. Sofort servieren.

Geschmorte Ente

Für 4 Personen

4 Frühlingszwiebeln (Frühlingszwiebeln), gehackt

1 Scheibe Ingwerwurzel, gehackt
120 ml/4 fl oz/½ Tasse Sojasauce
30 ml/2 Esslöffel Reiswein oder trockener Sherry
1 Ente
120 ml/4 fl oz/½ Tasse Erdnussöl.
600 ml/1 pt/2½ Tassen Wasser
15 ml/1 Esslöffel brauner Zucker

Frühlingszwiebeln, Ingwer, Sojasauce und Wein oder Sherry vermischen und die Ente damit einreiben und abreiben. Das Öl erhitzen und die Ente anbraten, bis sie von allen Seiten leicht gebräunt ist. Lassen Sie das Öl ab. Das Wasser und die restliche Sojasaucenmischung hinzufügen, zum Kochen bringen, dann abdecken und 1 Stunde köcheln lassen. Den Zucker hinzufügen, dann zugedeckt weitere 40 Minuten köcheln lassen, bis die Ente zart ist.

Gedämpfte Ente mit Sellerie

Für 4 Personen

350 g gekochte Ente, in Scheiben geschnitten

1 Kopf Sellerie

250 ml/8 fl oz/1 Tasse Hühnerbrühe

2,5 ml/½ Teelöffel Salz

5 ml/1 Teelöffel Sesamöl

1 Tomate, in Spalten geschnitten

Legen Sie die Ente auf einen Dampfgarer. Den Sellerie in 7,5 cm lange Stücke schneiden und in eine Pfanne geben. Mit der Brühe aufgießen, mit Salz würzen und den Dampfgarer über die Pfanne stellen. Bringen Sie die Brühe zum Kochen und lassen Sie sie dann etwa 15 Minuten köcheln, bis der Sellerie weich ist und die Ente durchgewärmt ist. Die Ente und den Sellerie auf einer vorgewärmten Servierplatte anrichten, den Sellerie mit Sesamöl beträufeln und mit Tomatenspalten garniert servieren.

Ente mit Ingwer

Für 4 Personen

350 g Entenbrust, in dünne Scheiben geschnitten

1 Ei, leicht geschlagen

5 ml/1 Teelöffel Sojasauce

5 ml/1 Teelöffel Maismehl (Maisstärke)

5 ml/1 Teelöffel Erdnussöl.

Frittieröl

50 g Bambussprossen

50 g Zuckerschoten (Erbsen)

2 Scheiben Ingwerwurzel, gehackt

15 ml/1 Esslöffel Wasser

2,5 ml/½ Teelöffel Zucker

2,5 ml/½ Teelöffel Reiswein oder trockener Sherry

2,5 ml/½ Teelöffel Sesamöl

Die Ente mit Ei, Sojasauce, Speisestärke und Öl vermischen und 10 Minuten ruhen lassen. Erhitzen Sie das Öl und braten Sie die Ente und die Bambussprossen an, bis sie gar und goldbraun sind. Aus der Pfanne nehmen und gut abtropfen lassen. Gießen Sie alles bis auf 15 ml/1 EL Öl aus der Pfanne und braten Sie die Ente, Bambussprossen, Zuckerschoten, Ingwer, Wasser, Zucker und Wein oder Sherry 2 Minuten lang an. Mit Sesamöl bestreut servieren.

Ente mit grünen Bohnen

Für 4 Personen

1 Ente

60 ml/4 Esslöffel Erdnussöl (Erdnüsse).

2 Knoblauchzehen, zerdrückt

2,5 ml/½ Teelöffel Salz

1 Zwiebel, gehackt

15 ml/1 Esslöffel geriebene Ingwerwurzel

45 ml/3 Esslöffel Sojasauce

120 ml/4 fl oz/½ Tasse Reiswein oder trockener Sherry

60 ml/4 Esslöffel Tomatenketchup (Ketchup)

45 ml/3 Esslöffel Weinessig

300 ml/½ pt/1¼ Tassen Hühnerbrühe

450 g grüne Bohnen, in Scheiben geschnitten

Prise frisch gemahlener Pfeffer

5 Tropfen Chiliöl

15 ml/1 Esslöffel Maismehl (Maisstärke)

30 ml/2 Esslöffel Wasser

Die Ente in 8 oder 10 Stücke schneiden. Das Öl erhitzen und die Ente goldbraun braten. In eine Schüssel geben. Knoblauch, Salz, Zwiebel, Ingwer, Sojasauce, Wein oder Sherry, Ketchup und

Weinessig hinzufügen. Mischen, abdecken und 3 Stunden im Kühlschrank marinieren.

Öl erhitzen, Ente, Brühe und Marinade hinzufügen, aufkochen und zugedeckt 1 Stunde köcheln lassen. Die Bohnen hinzufügen, abdecken und 15 Minuten köcheln lassen. Chili und Chiliöl hinzufügen. Das Maismehl mit dem Wasser vermischen, in die Pfanne rühren und unter Rühren köcheln lassen, bis die Soße eindickt.

Gebratene gedämpfte Ente

Für 4 Personen

1 Ente

Salz und frisch gemahlener Pfeffer

Frittieröl

Hoisin Soße

Die Ente mit Salz und Pfeffer würzen und in eine hitzebeständige Schüssel geben. In einen Topf geben, der zu zwei Dritteln mit Wasser gefüllt ist, zum Kochen bringen und zugedeckt etwa 1 1/2 Stunden köcheln lassen, bis die Ente weich ist. Abgießen und abkühlen lassen.

Das Öl erhitzen und die Ente knusprig und goldbraun braten. Herausnehmen und gut abtropfen lassen. In Stücke schneiden und mit Hoisinsauce servieren.

Ente mit exotischen Früchten

Für 4 Personen

4 Entenbrustfilets, in Streifen geschnitten
2,5 ml/½ Teelöffel Fünf-Gewürze-Pulver
30 ml/2 Esslöffel Sojasauce
15 ml/1 Esslöffel Sesamöl
15 ml/1 Esslöffel Erdnussöl (Erdnüsse).
3 Stangen Sellerie, gewürfelt
2 Scheiben Ananas, gewürfelt
100 g Cantaloupe-Melone, gewürfelt
100 g Litschis, halbiert
130 ml/4 fl oz/½ Tasse Hühnerbrühe
30 ml/2 Esslöffel Tomatenpüree (Paste)
30 ml/2 Esslöffel Hoisinsauce
10 ml/2 Teelöffel Weinessig
Prise brauner Zucker

Die Ente in eine Schüssel geben. Fünf-Gewürze-Pulver, Sojasauce und Sesamöl vermischen, über die Ente gießen und 2 Stunden marinieren, dabei gelegentlich umrühren. Das Öl erhitzen und die Ente 8 Minuten in der Pfanne braten. Aus der Pfanne nehmen. Sellerie und Obst dazugeben und 5 Minuten unter Rühren anbraten. Die Ente mit den anderen Zutaten wieder in die Pfanne geben, zum Kochen bringen und vor dem Servieren unter Rühren 2 Minuten köcheln lassen.

Geschmorte Ente mit chinesischen Blättern

Für 4 Personen

1 Ente

30 ml/2 Esslöffel Reiswein oder trockener Sherry

30 ml/2 Esslöffel Hoisinsauce

15 ml/1 Esslöffel Maismehl (Maisstärke)

5 ml/1 Teelöffel Salz

5 ml/1 Teelöffel Zucker

60 ml/4 Esslöffel Erdnussöl (Erdnüsse).

4 Frühlingszwiebeln (Frühlingszwiebeln), gehackt

2 Knoblauchzehen, zerdrückt

1 Scheibe Ingwerwurzel, gehackt

75 ml/5 Esslöffel Sojasauce

600 ml/1 pt/2½ Tassen Wasser

225 g/8 oz chinesische Blätter, gehackt

Die Ente in etwa 6 Stücke schneiden. Wein oder Sherry, Hoisinsauce, Maismehl, Salz und Zucker vermischen und über die Ente reiben. 1 Stunde ruhen lassen. Das Öl erhitzen und die Frühlingszwiebeln, den Knoblauch und den Ingwer einige

Sekunden anbraten. Die Ente dazugeben und anbraten, bis sie von allen Seiten leicht gebräunt ist. Überschüssiges Fett abtropfen lassen. Sojasauce und Wasser angießen, aufkochen und zugedeckt ca. 30 Minuten köcheln lassen. Die chinesischen Blätter hinzufügen, erneut abdecken und weitere 30 Minuten köcheln lassen, bis die Ente zart ist.

Betrunkene Ente

Für 4 Personen

2 Frühlingszwiebeln (Frühlingszwiebeln), gehackt
2 Knoblauchzehen, gehackt
1,5 l/2½ Punkte/6 Tassen Wasser
1 Ente
450 ml/¾ pt/2 Tassen Reiswein oder trockener Sherry

Frühlingszwiebeln, Knoblauch und Wasser in einen großen Topf geben und zum Kochen bringen. Die Ente dazugeben, erneut aufkochen, abdecken und 45 Minuten köcheln lassen. Gut abtropfen lassen, dabei die Flüssigkeit für die Brühe auffangen. Lassen Sie die Ente abkühlen und stellen Sie sie dann über Nacht in den Kühlschrank. Die Ente in Stücke schneiden und in ein großes Glas mit Schraubverschluss geben. Mit Wein oder Sherry übergießen und etwa eine Woche kalt stellen, dann abgießen und kalt servieren.

Fünf-Gewürze-Ente

Für 4 Personen

150 ml/¼ pt/reichlich ½ Tasse Reiswein oder trockener Sherry
150 ml/¼ pt/reichlich ½ Tasse Sojasauce
1 Ente
10 ml/2 Teelöffel Fünf-Gewürze-Pulver

Wein oder Sherry und Sojasauce zum Kochen bringen. Die Ente dazugeben und unter Wenden etwa 5 Minuten köcheln lassen. Die Ente aus der Pfanne nehmen und die Haut mit dem Fünf-Gewürze-Pulver einreiben. Legen Sie den Vogel wieder in die Pfanne und fügen Sie so viel Wasser hinzu, dass die Ente zur Hälfte bedeckt ist. Zum Kochen bringen, abdecken und etwa 1 1/2 Stunden köcheln lassen, bis die Ente weich ist, dabei häufig wenden und begießen. Die Ente in 5 cm/2 cm große Stücke schneiden und heiß oder kalt servieren.

Gebratene Ente mit Ingwer

Für 4 Personen

1 Ente

2 Scheiben Ingwerwurzel, gehackt

2 Frühlingszwiebeln (Frühlingszwiebeln), gehackt

15 ml/1 Esslöffel Maismehl (Maisstärke)

30 ml/2 Esslöffel Sojasauce

30 ml/2 Esslöffel Reiswein oder trockener Sherry

2,5 ml/½ Teelöffel Salz

45 ml/3 Esslöffel Erdnussöl (Erdnüsse).

Das Fleisch von den Knochen lösen und in Stücke schneiden. Das Fleisch mit allen anderen Zutaten außer dem Öl vermischen. 1 Stunde ruhen lassen. Das Öl erhitzen und die Ente mit der Marinade etwa 15 Minuten in der Pfanne anbraten, bis die Ente zart ist.

Ente mit Schinken und Lauch

Für 4 Personen

1 Ente

Geräucherter Schinken 450 g/1 Pfund

2 Lauch

2 Scheiben Ingwerwurzel, gehackt

45 ml/3 Esslöffel Reiswein oder trockener Sherry

45 ml/3 Esslöffel Sojasauce

2,5 ml/½ Teelöffel Salz

Die Ente in eine Pfanne geben und knapp mit kaltem Wasser bedecken. Aufkochen, abdecken und ca. 20 Minuten köcheln lassen. Abgießen und 450 ml/¾ Punkte/2 Tassen Brühe auffangen. Lassen Sie die Ente etwas abkühlen, schneiden Sie dann das Fleisch von den Knochen und schneiden Sie es in 5 cm/2 cm große Quadrate. Den Schinken in gleich große Stücke schneiden. Schneiden Sie die langen Lauchstücke ab, rollen Sie eine Enten- und Schinkenscheibe in das Blatt und binden Sie es mit einer Schnur zusammen. In eine hitzebeständige Schüssel geben. Ingwer, Wein oder Sherry, Sojasauce und Salz in die beiseite gestellte Brühe geben und über die Entenröllchen gießen. Stellen Sie die Schüssel in einen Topf, der bis zu zwei Dritteln des Schüsselrandes mit Wasser gefüllt ist. Zum Kochen bringen, abdecken und etwa 1 Stunde köcheln lassen, bis die Ente weich ist.

In Honig gebratene Ente

Für 4 Personen

1 Ente

Salz

3 Knoblauchzehen, zerdrückt

3 Frühlingszwiebeln (Frühlingszwiebeln), gehackt

45 ml/3 Esslöffel Sojasauce

45 ml/3 Esslöffel Reiswein oder trockener Sherry

45 ml/3 Esslöffel Honig

200 ml/7 fl oz/kleine 1 Tasse kochendes Wasser

Trocknen Sie die Ente ab und reiben Sie sie innen und außen mit Salz ein. Knoblauch, Frühlingszwiebeln, Sojasauce und Wein oder Sherry unterrühren und die Mischung dann halbieren. Mischen Sie Honig in einer Hälfte und reiben Sie ihn über die

Ente, dann lassen Sie ihn trocknen. Fügen Sie der restlichen Honigmischung Wasser hinzu. Gießen Sie die Sojasaucenmischung in den Hohlraum der Ente und legen Sie sie auf einen Rost in einen Bräter mit etwas Wasser am Boden. Im vorgeheizten Backofen bei 180 °C/350 °F/Gas Stufe 4 etwa 2 Stunden braten, bis die Ente zart ist, dabei mit der restlichen Honigmischung bestreichen.

Nasse gebratene Ente

Für 4 Personen

6 Frühlingszwiebeln (Frühlingszwiebeln), gehackt
2 Scheiben Ingwerwurzel, gehackt
1 Ente
2,5 ml/½ Teelöffel gemahlener Anis
15 ml/1 Esslöffel Zucker
45 ml/3 Esslöffel Reiswein oder trockener Sherry
60 ml/4 Esslöffel Sojasauce
250 ml/8 fl oz/1 Tasse Wasser

Geben Sie die Hälfte der Frühlingszwiebeln und des Ingwers in eine große Pfanne mit dickem Boden. Den Rest in die Mulde der Ente geben und in die Pfanne geben. Alle anderen Zutaten außer der Hoisin-Sauce hinzufügen, aufkochen, abdecken und etwa 1 1/2 Stunden köcheln lassen, dabei gelegentlich umrühren. Die Ente aus der Pfanne nehmen und etwa 4 Stunden trocknen lassen.

Die Ente auf einem Rost in ein mit etwas kaltem Wasser gefülltes Backblech legen. Im vorgeheizten Backofen bei 230 °C/450 °F/Gas Stufe 8 15 Minuten rösten, dann umdrehen und weitere 10 Minuten knusprig rösten. In der Zwischenzeit die zurückbehaltene Flüssigkeit erhitzen und zum Servieren über die Ente gießen.

Gebratene Ente mit Pilzen

Für 4 Personen

1 Ente

75 ml/5 Esslöffel Erdnussöl (Erdnüsse).

45 ml/3 Esslöffel Reiswein oder trockener Sherry

15 ml/1 Esslöffel Sojasauce

15 ml/1 Esslöffel Zucker

5 ml/1 Teelöffel Salz

Prise Pfeffer

2 Knoblauchzehen, zerdrückt

225 g Champignons, halbiert

600 ml/1 pt/2½ Tassen Hühnerbrühe

15 ml/1 Esslöffel Maismehl (Maisstärke)

30 ml/2 Esslöffel Wasser
5 ml/1 Teelöffel Sesamöl

Die Ente in 5 cm/2 cm große Stücke schneiden. Erhitzen Sie 45 ml/3 EL Öl und braten Sie die Ente an, bis sie von allen Seiten leicht gebräunt ist. Wein oder Sherry, Sojasauce, Zucker, Salz und Pfeffer hinzufügen und 4 Minuten unter Rühren braten. Aus der Pfanne nehmen. Das restliche Öl erhitzen und den Knoblauch goldbraun braten. Fügen Sie die Pilze hinzu und rühren Sie um, bis sie mit Öl bedeckt sind. Geben Sie dann die Entenmischung wieder in die Pfanne und fügen Sie die Brühe hinzu. Zum Kochen bringen, abdecken und etwa 1 Stunde köcheln lassen, bis die Ente weich ist. Maismehl und Wasser vermischen, bis eine Paste entsteht, dann unter die Mischung heben und unter Rühren köcheln lassen, bis die Soße eindickt. Mit Sesamöl bestreuen und servieren.

Ente mit zwei Pilzen

Für 4 Personen

6 getrocknete chinesische Pilze

1 Ente

750 ml/1¼ Punkte/3 Tassen Hühnerbrühe

45 ml/3 Esslöffel Reiswein oder trockener Sherry

5 ml/1 Teelöffel Salz

100 g Bambussprossen, in Streifen geschnitten

100 g Champignons

Die Pilze 30 Minuten in warmem Wasser einweichen, dann abtropfen lassen. Entfernen Sie die Stiele und schneiden Sie die

Kappen in zwei Hälften. Legen Sie die Ente mit der Brühe, dem Wein oder Sherry und dem Salz in eine große hitzebeständige Schüssel und stellen Sie sie in eine mit Wasser gefüllte Pfanne, bis sie zu zwei Dritteln über den Schüsselrand reicht. Zum Kochen bringen, abdecken und etwa 2 Stunden köcheln lassen, bis die Ente weich ist. Aus der Pfanne nehmen und das Fleisch vom Knochen schneiden. Übertragen Sie die Kochflüssigkeit in einen separaten Topf. Die Bambussprossen und beide Pilzsorten auf den Boden des Dampfgarers legen, das Entenfleisch zurücklegen und zugedeckt weitere 30 Minuten dämpfen. Die Kochflüssigkeit zum Kochen bringen und zum Servieren über die Ente gießen.

Geschmorte Ente mit Zwiebeln

Für 4 Personen

4 getrocknete chinesische Pilze

1 Ente

90 ml/6 Esslöffel Sojasauce

60 ml/4 Esslöffel Erdnussöl (Erdnüsse).

1 Frühlingszwiebel (Frühlingszwiebel), gehackt

1 Scheibe Ingwerwurzel, gehackt

45 ml/3 Esslöffel Reiswein oder trockener Sherry

450 g Zwiebeln, in Scheiben geschnitten

100 g Bambussprossen, in Scheiben geschnitten
15 ml/1 Esslöffel brauner Zucker
15 ml/1 Esslöffel Maismehl (Maisstärke)
45 ml/3 Esslöffel Wasser

Die Pilze 30 Minuten in warmem Wasser einweichen, dann abtropfen lassen. Entfernen Sie die Stiele und schneiden Sie die Kappen in Scheiben. Reiben Sie 15 ml/1 EL Sojasauce in die Ente. Reservieren Sie 15 ml/1 EL Öl, erhitzen Sie das restliche Öl und braten Sie die Frühlingszwiebeln und den Ingwer an, bis sie leicht gebräunt sind. Die Ente dazugeben und anbraten, bis sie von allen Seiten leicht gebräunt ist. Überschüssiges Fett entfernen. Den Wein oder Sherry, die restliche Sojasauce in der Pfanne und gerade so viel Wasser hinzufügen, dass die Ente fast bedeckt ist. Zum Kochen bringen, abdecken und 1 Stunde köcheln lassen, dabei gelegentlich umrühren.

Erhitzen Sie das beiseite gestellte Öl und braten Sie die Zwiebeln an, bis sie weich sind. Vom Herd nehmen und die Bambussprossen und Pilze dazugeben, dann zur Ente geben, abdecken und weitere 30 Minuten köcheln lassen, bis die Ente weich ist. Die Ente aus der Pfanne nehmen, in Stücke schneiden und auf einen vorgewärmten Servierteller legen. Die Flüssigkeit im Topf zum Kochen bringen, Zucker und Maisstärke hinzufügen und unter Rühren köcheln lassen, bis die Mischung kocht und eindickt. Zum Servieren über die Ente gießen.

Ente in Orangensauce

Für 4 Personen

1 Ente

3 Frühlingszwiebeln (Schalotten), in kleine Stücke geschnitten

2 Scheiben Ingwerwurzel, in Streifen schneiden

1 Scheibe Orangenschale

Salz und frisch gemahlener Pfeffer

Die Ente in einen großen Topf geben, knapp mit Wasser bedecken und zum Kochen bringen. Frühlingszwiebeln, Ingwer und Orangenschale dazugeben und zugedeckt etwa 1½ Stunden köcheln lassen, bis die Ente weich ist. Mit Salz und Pfeffer würzen, abtropfen lassen und servieren.

Gebratene Ente mit Orange

Für 4 Personen

1 Ente

2 Knoblauchzehen, halbiert

45 ml/3 Esslöffel Erdnussöl (Erdnüsse).

1 Zwiebel

1 Orange

120 ml/4 fl oz/½ Tasse Reiswein oder trockener Sherry
2 Scheiben Ingwerwurzel, gehackt
5 ml/1 Teelöffel Salz

Reiben Sie die Ente innen und außen mit dem Knoblauch ein und bestreichen Sie sie dann mit Öl. Die geschälte Zwiebel mit einer Gabel einstechen, zusammen mit der ungeschälten Orange in den Hohlraum der Ente legen und mit einem Spieß verschließen. Legen Sie die Ente auf einen Rost über ein mit etwas heißem Wasser gefülltes Backblech und braten Sie sie im vorgeheizten Backofen bei 160 °C/325 °F/Gas Stufe 3 etwa 2 Stunden lang. Schütten Sie die Flüssigkeit weg und legen Sie die Ente wieder in den Bräter. Wein oder Sherry darübergießen und mit Ingwer und Salz bestreuen. Für weitere 30 Minuten wieder in den Ofen stellen. Zwiebel und Orange entfernen und die Ente in Stücke schneiden. Zum Servieren den Bratensaft über die Ente gießen.

Ente mit Birnen und Kastanien

Für 4 Personen

225 g geschälte Kastanien
1 Ente
45 ml/3 Esslöffel Erdnussöl (Erdnüsse).
250 ml/8 fl oz/1 Tasse Hühnerbrühe
45 ml/3 Esslöffel Sojasauce

15 ml/1 Esslöffel Reiswein oder trockener Sherry
5 ml/1 Teelöffel Salz
1 Scheibe Ingwerwurzel, gehackt
1 große Birne, geschält und in dicke Scheiben geschnitten
15 ml/1 Esslöffel Zucker

Kochen Sie die Kastanien 15 Minuten lang und lassen Sie sie dann abtropfen. Die Ente in 5 cm/2 cm große Stücke schneiden. Das Öl erhitzen und die Ente anbraten, bis sie von allen Seiten leicht gebräunt ist. Überschüssiges Öl abgießen, dann Brühe, Sojasauce, Wein oder Sherry, Salz und Ingwer hinzufügen. Zum Kochen bringen, abdecken und 25 Minuten köcheln lassen, dabei gelegentlich umrühren. Die Kastanien dazugeben und zugedeckt weitere 15 Minuten köcheln lassen. Die Birne mit Zucker bestreuen, in die Pfanne geben und etwa 5 Minuten köcheln lassen, bis sie durchgeheizt ist.

Pekingente

Für 6 Personen
1 Ente
250 ml/8 fl oz/1 Tasse Wasser
120 ml/4 fl oz/½ Tasse Honig
120 ml/4 fl oz/½ Tasse Sesamöl
Für die Pfannkuchen:

250 ml/8 fl oz/1 Tasse Wasser

225 g/8 Unzen/2 Tassen einfaches (Allzweck-)Mehl.

Erdnussöl (Erdnüsse) zum Braten

Zum Tauchen:

120 ml/4 fl oz/½ Tasse Hoisinsauce

30 ml/2 Esslöffel brauner Zucker

30 ml/2 Esslöffel Sojasauce

5 ml/1 Teelöffel Sesamöl

6 Frühlingszwiebeln (Frühlingszwiebeln), der Länge nach in Scheiben geschnitten

1 Gurke, in Streifen geschnitten

Die Ente sollte ganz sein und die Haut intakt sein. Binden Sie den Hals mit einer Schnur fest und nähen oder fädeln Sie die untere Öffnung ein. Schneiden Sie einen kleinen Schlitz seitlich in Ihren Hals, führen Sie einen Strohhalm ein und blasen Sie Luft unter die Haut, bis diese anschwillt. Hängen Sie die Ente über eine Schüssel und lassen Sie sie 1 Stunde ruhen.

Einen Topf mit Wasser zum Kochen bringen, die Ente hineinlegen und 1 Minute kochen lassen, dann herausnehmen und gut trocknen. Bringen Sie das Wasser zum Kochen und fügen Sie den Honig hinzu. Reiben Sie die Mischung in die Entenhaut ein, bis sie gesättigt ist. Hängen Sie die Ente etwa 8

Stunden lang an einem kühlen, luftigen Ort über eine Schüssel, bis die Haut zäh ist.

Hängen Sie die Ente auf oder legen Sie sie auf einen Rost über ein Backblech und braten Sie sie im vorgeheizten Ofen bei 180 °C/350 °F/Gasstufe 4 etwa 1½ Stunden lang, wobei Sie sie regelmäßig mit Sesamöl beträufeln.

Um Pfannkuchen zuzubereiten, kochen Sie Wasser und fügen Sie nach und nach Mehl hinzu. Leicht kneten, bis ein weicher Teig entsteht, mit einem feuchten Tuch abdecken und 15 Minuten ruhen lassen. Auf einer bemehlten Fläche ausrollen und einen langen Zylinder formen. In 2,5 cm dicke Scheiben schneiden, dann auf eine Dicke von etwa 5 mm flach drücken und die Oberseite mit Öl bestreichen. Paarweise so stapeln, dass sich die geölten Oberflächen berühren, und die Außenseite leicht mit Mehl bestäuben. Die Paare auf einen Durchmesser von ca. 10 cm ausrollen und paarweise auf jeder Seite ca. 1 Minute braten, bis sie leicht gebräunt sind. Bis zum Servieren trennen und stapeln.

Bereiten Sie die Saucen vor, indem Sie die Hälfte der Hoisinsauce mit dem Zucker und die restliche Hoisinsauce mit der Sojasauce und dem Sesamöl vermischen.

Die Ente aus dem Ofen nehmen, die Haut entfernen und in Quadrate schneiden, dann das Fleisch in Würfel schneiden. Auf separaten Tellern anrichten und mit Pfannkuchen, Saucen und Beilagen servieren.

Geschmorte Ente mit Ananas

Für 4 Personen

1 Ente

400 g Ananasstücke aus der Dose in Sirup

45 ml/3 Esslöffel Sojasauce

5 ml/1 Teelöffel Salz

Prise frisch gemahlener Pfeffer

Die Ente in eine Pfanne mit dickem Boden geben, knapp mit Wasser bedecken, zum Kochen bringen und dann zugedeckt 1 Stunde köcheln lassen. Den Ananassirup mit der Sojasauce, Salz und Pfeffer in die Pfanne abgießen, abdecken und weitere 30 Minuten köcheln lassen. Die Ananasstücke dazugeben und weitere 15 Minuten köcheln lassen, bis die Ente zart ist.

Gebratene Ente mit Ananas

Für 4 Personen

1 Ente
45 ml/3 Esslöffel Maismehl (Maisstärke)
45 ml/3 Esslöffel Sojasauce
225 g/8 oz Dosenananas in Sirup
45 ml/3 Esslöffel Erdnussöl (Erdnüsse).
2 Scheiben Ingwerwurzel, in Streifen schneiden
15 ml/1 Esslöffel Reiswein oder trockener Sherry
5 ml/1 Teelöffel Salz

Das Fleisch vom Knochen lösen und in Stücke schneiden. Die Sojasauce mit 30 ml/2 EL Maisstärke vermischen und unter die Ente rühren, bis sie gut bedeckt ist. 1 Stunde ruhen lassen, dabei gelegentlich umrühren. Ananas und Sirup zerdrücken und in einer Pfanne vorsichtig erhitzen. Das restliche Maismehl mit etwas Wasser vermischen, in die Pfanne geben und unter Rühren köcheln lassen, bis die Soße eindickt. Warm halten. Das Öl erhitzen und den Ingwer anbraten, bis er leicht goldbraun ist, dann den Ingwer wegwerfen. Die Ente dazugeben und unter Rühren anbraten, bis sie von allen Seiten leicht gebräunt ist. Wein oder Sherry und Salz hinzufügen und noch ein paar Minuten braten, bis die Ente gar ist. Legen Sie die Ente auf eine vorgewärmte Servierplatte, gießen Sie die Sauce darüber und servieren Sie sie sofort.

Ananas-Ingwer-Ananas

Für 4 Personen

1 Ente
100 g konservierter Ingwer in Sirup
200 g Ananasstücke aus der Dose in Sirup
5 ml/1 Teelöffel Salz
15 ml/1 Esslöffel Maismehl (Maisstärke)
30 ml/2 Esslöffel Wasser

Legen Sie die Ente in eine hitzebeständige Schüssel und stellen Sie sie in einen Topf, der bis zu zwei Dritteln des Schüsselrandes mit Wasser gefüllt ist. Zum Kochen bringen, abdecken und etwa 2 Stunden köcheln lassen, bis die Ente weich ist. Die Ente herausnehmen und etwas abkühlen lassen. Haut und Knochen entfernen und die Ente in Stücke schneiden. Auf einem Servierteller anrichten und warm halten.

Den Ingwer- und Ananassirup in einen Topf abtropfen lassen, Salz, Maisstärke und Wasser hinzufügen. Unter Rühren zum Kochen bringen und unter Rühren einige Minuten köcheln lassen, bis die Sauce heller und dicker wird. Ingwer und Ananas dazugeben, vermischen und zum Servieren über die Ente gießen.

Ente mit Ananas und Litschi

Für 4 Personen

4 Entenbrüste

15 ml/1 Esslöffel Sojasauce

1 Zehe Sternanis

1 Scheibe Ingwerwurzel

Erdnussöl (Erdnüsse) zum Braten

90 ml/6 Esslöffel Weinessig

100 g/4 Unzen/½ Tasse brauner Zucker

250 ml/8 fl oz/½ Tasse Hühnerbrühe

15 ml/1 Esslöffel Tomatenketchup (Ketchup)

200 g Ananasstücke aus der Dose in Sirup

15 ml/1 Esslöffel Maismehl (Maisstärke)

6 Litschis aus der Dose

6 Maraschino-Kirschen

Enten, Sojasauce, Anis und Ingwer in einen Topf geben und knapp mit kaltem Wasser bedecken. Zum Kochen bringen, abschöpfen, abdecken und etwa 45 Minuten köcheln lassen, bis die Ente gar ist. Abtropfen lassen und trocknen. In reichlich kochendem Öl knusprig braten.

In der Zwischenzeit Weinessig, Zucker, Brühe, Ketchup und 30 ml/2 EL Ananassirup in einem Topf vermischen, aufkochen und ca. 5 Minuten köcheln lassen, bis eine glatte Masse entsteht. Die Früchte einrühren und erhitzen, bevor sie zum Servieren über die Ente gegossen werden.

Ente mit Schweinefleisch und Kastanien

Für 4 Personen

6 getrocknete chinesische Pilze

1 Ente

225 g geschälte Kastanien

225 g mageres Schweinefleisch, gewürfelt

3 Frühlingszwiebeln (Frühlingszwiebeln), gehackt

1 Scheibe Ingwerwurzel, gehackt

250 ml/8 fl oz/1 Tasse Sojasauce

900 ml/1½ Punkte/3¾ Tassen Wasser

Die Pilze 30 Minuten in warmem Wasser einweichen, dann abtropfen lassen. Entfernen Sie die Stiele und schneiden Sie die Kappen in Scheiben. Zusammen mit allen anderen Zutaten in einen großen Topf geben, zum Kochen bringen und zugedeckt etwa 1½ Stunden köcheln lassen, bis die Ente gar ist.

Ente mit Kartoffeln

Für 4 Personen

75 ml/5 Esslöffel Erdnussöl (Erdnüsse).

1 Ente

3 Knoblauchzehen, zerdrückt

30 ml/2 Esslöffel schwarze Bohnensauce

10 ml/2 Teelöffel Salz

1,2 l/2 Punkte/5 Tassen Wasser

2 Lauch, in dicke Scheiben geschnitten

15 ml/1 Esslöffel Zucker

45 ml/3 Esslöffel Sojasauce

60 ml/4 Esslöffel Reiswein oder trockener Sherry

1 Zehe Sternanis

900 g Kartoffeln, in dicke Scheiben geschnitten

½ Kopf chinesischer Blätter

15 ml/1 Esslöffel Maismehl (Maisstärke)

30 ml/2 Esslöffel Wasser
Zweige glatte Petersilie

60 ml/4 EL Öl erhitzen und die Ente von allen Seiten goldbraun braten. Binden oder nähen Sie das Halsende zusammen und legen Sie die Ente mit dem Hals nach unten in eine tiefe Schüssel. Das restliche Öl erhitzen und den Knoblauch goldbraun braten. Die schwarze Bohnensauce und Salz hinzufügen und 1 Minute braten. Wasser, Lauch, Zucker, Sojasauce, Wein oder Sherry und Sternanis hinzufügen und zum Kochen bringen. Gießen Sie 120 ml/8 fl oz/1 Tasse der Mischung in den Hohlraum der Ente und binden oder nähen Sie sie fest. Die restliche Mischung in der Pfanne zum Kochen bringen. Ente und Kartoffeln dazugeben, abdecken und 40 Minuten köcheln lassen, dabei die Ente einmal wenden. Ordnen Sie die chinesischen Blätter auf einem Servierteller an. Die Ente aus der Pfanne nehmen, in 5 cm große Stücke schneiden und mit den Kartoffeln auf dem Servierteller anrichten. Das Maismehl mit dem Wasser zu einer Paste verrühren, in die Pfanne geben und unter Rühren köcheln lassen, bis die Soße eindickt.

Gekochte rote Ente

Für 4 Personen

1 Ente

4 Frühlingszwiebeln (Frühlingszwiebeln), in kleine Stücke geschnitten

2 Scheiben Ingwerwurzel, in Streifen schneiden

90 ml/6 Esslöffel Sojasauce

45 ml/3 Esslöffel Reiswein oder trockener Sherry

10 ml/2 Teelöffel Salz

10 ml/2 Teelöffel Zucker

Die Ente in einen schweren Topf geben, knapp mit Wasser bedecken und zum Kochen bringen. Frühlingszwiebeln, Ingwer, Wein oder Sherry und Salz hinzufügen, abdecken und etwa 1 Stunde köcheln lassen. Den Zucker hinzufügen und weitere 45 Minuten köcheln lassen, bis die Ente zart ist. Die Ente auf einer

Servierplatte aufschneiden und heiß oder kalt servieren, mit oder ohne Sauce.

Gebratene Ente in Reiswein

Für 4 Personen

1 Ente
500 ml/14 fl oz/1¾ Tassen Reiswein oder trockener Sherry
5 ml/1 Teelöffel Salz
45 ml/3 Esslöffel Sojasauce

Die Ente mit Sherry und Salz in eine Pfanne mit dickem Boden geben, zum Kochen bringen, abdecken und 20 Minuten köcheln lassen. Die Ente abtropfen lassen, dabei die Flüssigkeit auffangen und mit Sojasauce einreiben. Auf einem Rost in ein mit etwas heißem Wasser gefülltes Backblech legen und im vorgeheizten Backofen bei 180 °C/350 °F/Gas Stufe 4 etwa 1 Stunde lang rösten, dabei regelmäßig mit der zurückbehaltenen Weinflüssigkeit begießen.

Gedämpfte Ente mit Reiswein

Für 4 Personen

1 Ente
4 Frühlingszwiebeln (Frühlingszwiebeln), halbiert
1 Scheibe Ingwerwurzel, gehackt
250 ml/8 fl oz/1 Tasse Reiswein oder trockener Sherry
30 ml/2 Esslöffel Sojasauce
Prise Salz

Die Ente 5 Minuten in kochendem Wasser blanchieren und dann abtropfen lassen. Mit den restlichen Zutaten in eine hitzebeständige Schüssel geben. Stellen Sie die Schüssel so in einen mit Wasser gefüllten Topf, dass der Rand der Schüssel zu zwei Dritteln hochsteht. Zum Kochen bringen, abdecken und etwa 2 Stunden köcheln lassen, bis die Ente weich ist. Vor dem Servieren Frühlingszwiebeln und Ingwer entfernen.

Gesalzene Ente

Für 4 Personen

45 ml/3 Esslöffel Erdnussöl (Erdnüsse).
4 Entenbrüste
3 Frühlingszwiebeln (Frühlingszwiebeln), in Scheiben geschnitten
2 Knoblauchzehen, zerdrückt
1 Scheibe Ingwerwurzel, gehackt
250 ml/8 fl oz/1 Tasse Sojasauce
30 ml/2 Esslöffel Reiswein oder trockener Sherry
30 ml/2 Esslöffel brauner Zucker

5 ml/1 Teelöffel Salz
450 ml/¾ pt/2 Tassen Wasser
15 ml/1 Esslöffel Maismehl (Maisstärke)

Das Öl erhitzen und die Entenbrüste goldbraun braten. Frühlingszwiebeln, Knoblauch und Ingwer hinzufügen und 2 Minuten braten. Sojasauce, Wein oder Sherry, Zucker und Salz hinzufügen und gut vermischen. Wasser hinzufügen, zum Kochen bringen und zugedeckt ca. 1 1/2 Stunden köcheln lassen, bis das Fleisch sehr zart ist. Die Speisestärke mit etwas Wasser vermischen, dann in die Pfanne geben und unter Rühren köcheln lassen, bis die Soße eindickt.

Gesalzene Ente mit grünen Bohnen

Für 4 Personen
45 ml/3 Esslöffel Erdnussöl (Erdnüsse).
4 Entenbrüste
3 Frühlingszwiebeln (Frühlingszwiebeln), in Scheiben geschnitten
2 Knoblauchzehen, zerdrückt
1 Scheibe Ingwerwurzel, gehackt
250 ml/8 fl oz/1 Tasse Sojasauce
30 ml/2 Esslöffel Reiswein oder trockener Sherry
30 ml/2 Esslöffel brauner Zucker

5 ml/1 Teelöffel Salz

450 ml/¾ pt/2 Tassen Wasser

225 g grüne Bohnen

15 ml/1 Esslöffel Maismehl (Maisstärke)

Das Öl erhitzen und die Entenbrüste goldbraun braten. Frühlingszwiebeln, Knoblauch und Ingwer hinzufügen und 2 Minuten braten. Sojasauce, Wein oder Sherry, Zucker und Salz hinzufügen und gut vermischen. Wasser hinzufügen, aufkochen, abdecken und ca. 45 Minuten köcheln lassen. Die Bohnen hinzufügen, abdecken und weitere 20 Minuten köcheln lassen. Die Speisestärke mit etwas Wasser vermischen, dann in die Pfanne geben und unter Rühren köcheln lassen, bis die Soße eindickt.

Langsam gegarte Ente

Für 4 Personen

1 Ente

50 g/2 oz/½ Tasse Maismehl (Maisstärke)

Frittieröl

2 Knoblauchzehen, zerdrückt

30 ml/2 Esslöffel Reiswein oder trockener Sherry

30 ml/2 Esslöffel Sojasauce

5 ml/1 Teelöffel geriebene Ingwerwurzel

750 ml/1 ¼ Punkte/3 Tassen Hühnerbrühe

4 getrocknete chinesische Pilze

225 g Bambussprossen, in Scheiben geschnitten

225 g Wasserkastanien, in Scheiben geschnitten

10 ml/2 Teelöffel Zucker

Prise Pfeffer

5 Frühlingszwiebeln (Frühlingszwiebeln), in Scheiben geschnitten

Die Ente in Portionsstücke schneiden. 30 ml/2 Esslöffel Maisstärke beiseite stellen und die Ente mit der anderen Stärke bestreichen. Den Überschuss abstauben. Das Öl erhitzen und den Knoblauch und die Ente anbraten, bis sie leicht gebräunt sind. Aus der Pfanne nehmen und auf Küchenpapier abtropfen lassen. Die Ente in eine große Pfanne geben. Wein oder Sherry, 15 ml/1 EL Sojasauce und Ingwer hinzufügen. In die Pfanne geben und bei starker Hitze 2 Minuten kochen lassen. Die Hälfte der Brühe hinzufügen, aufkochen lassen und zugedeckt ca. 1 Stunde köcheln lassen, bis die Ente weich ist.

In der Zwischenzeit die Pilze 30 Minuten in warmem Wasser einweichen und dann abtropfen lassen. Entfernen Sie die Stiele und schneiden Sie die Kappen in Scheiben. Pilze, Bambussprossen und Wasserkastanien zur Ente geben und unter häufigem Rühren 5 Minuten kochen lassen. Das Fett aus der

Flüssigkeit abschöpfen. Restliche Brühe, Maismehl und Sojasauce mit Zucker und Pfeffer vermischen und in die Pfanne rühren. Unter Rühren zum Kochen bringen und dann etwa 5 Minuten köcheln lassen, bis die Soße eindickt. In eine vorgewärmte Servierschüssel geben und mit Frühlingszwiebeln garniert servieren.

Gebratene Ente

Für 4 Personen

1 Eiweiß, leicht geschlagen
20 ml/1½ Esslöffel Maismehl (Maisstärke)
Salz

450 g Entenbrüste, in dünne Scheiben schneiden
45 ml/3 Esslöffel Erdnussöl (Erdnüsse).
2 Frühlingszwiebeln (Schalotten), in Streifen geschnitten
1 grüne Paprika, in Streifen geschnitten
5 ml/1 Teelöffel Reiswein oder trockener Sherry
75 ml/5 Esslöffel Hühnerbrühe
2,5 ml/½ Teelöffel Zucker

Das Eiweiß mit 15 ml/1 Esslöffel Maisstärke und einer Prise Salz verrühren. Die in Scheiben geschnittene Ente dazugeben und verrühren, bis die Ente bedeckt ist. Erhitzen Sie das Öl und braten Sie die Ente, bis sie gar und goldbraun ist. Nehmen Sie die Ente aus der Pfanne und lassen Sie das Öl bis auf 30 ml/2 EL abtropfen. Frühlingszwiebeln und Pfeffer dazugeben und 3 Minuten braten. Wein oder Sherry, Brühe und Zucker hinzufügen und zum Kochen bringen. Restliches Maismehl mit etwas Wasser verrühren, zur Soße geben und unter Rühren köcheln lassen, bis die Soße eindickt. Die Ente einrühren, erneut erhitzen und servieren.

Ente mit Süßkartoffeln

Für 4 Personen
1 Ente
250 ml/8 fl oz/1 Tasse Erdnussöl (Erdnüsse).

225 g Süßkartoffeln, geschält und in Würfel geschnitten

2 Knoblauchzehen, zerdrückt

1 Scheibe Ingwerwurzel, gehackt

2,5 ml/½ Teelöffel Zimt

2,5 ml/½ Teelöffel gemahlene Nelken

Prise gemahlener Anis

5 ml/1 Teelöffel Zucker

15 ml/1 Esslöffel Sojasauce

250 ml/8 fl oz/1 Tasse Hühnerbrühe

15 ml/1 Esslöffel Maismehl (Maisstärke)

30 ml/2 Esslöffel Wasser

Die Ente in 5 cm/2 cm große Stücke schneiden. Das Öl erhitzen und die Kartoffeln goldbraun braten. Nehmen Sie sie aus der Pfanne und lassen Sie das gesamte Öl bis auf 30 ml/2 EL abtropfen. Knoblauch und Ingwer hinzufügen und 30 Sekunden lang anbraten. Die Ente dazugeben und anbraten, bis sie von allen Seiten leicht gebräunt ist. Gewürze, Zucker, Sojasauce und Brühe hinzufügen und aufkochen. Die Kartoffeln dazugeben, abdecken und etwa 20 Minuten köcheln lassen, bis die Ente weich ist. Das Maismehl mit dem Wasser zu einer Paste verrühren, dann in die Pfanne geben und unter Rühren köcheln lassen, bis die Soße eindickt.

Süß-saure Ente

Für 4 Personen

1 Ente

1,2 l / 2 Punkte / 5 Tassen Hühnerbrühe

2 Zwiebeln

2 Karotten

2 Knoblauchzehen, in Scheiben geschnitten

15 ml/1 Esslöffel Beizgewürz

10 ml/2 Teelöffel Salz

10 ml/2 Teelöffel Erdnussöl (Erdnüsse).

6 Frühlingszwiebeln (Frühlingszwiebeln), gehackt

1 Mango, geschält und in Würfel geschnitten

12 Litschis, halbiert

15 ml/1 Esslöffel Maismehl (Maisstärke)

15 ml/1 Esslöffel Weinessig

10 ml/2 Teelöffel Tomatenpüree (Paste)

15 ml/1 Esslöffel Sojasauce

5 ml/1 Teelöffel Fünf-Gewürze-Pulver

300 ml/½ pt/1¼ Tassen Hühnerbrühe

Legen Sie die Ente in einen Dampfkorb über einer Pfanne mit Brühe, Zwiebeln, Karotten, Knoblauch, Gewürzen und Salz. Abdecken und 2 1/2 Stunden dämpfen. Die Ente abkühlen lassen, abdecken und 6 Stunden im Kühlschrank lagern. Das Fleisch von den Knochen lösen und in Würfel schneiden. Das Öl erhitzen und die Ente und die Frühlingszwiebeln darin anbraten, bis sie knusprig sind. Die restlichen Zutaten vermischen, aufkochen und unter Rühren 2 Minuten köcheln lassen, bis die Soße eindickt.

Mandarinente

Für 4 Personen

1 Ente

60 ml/4 Esslöffel Erdnussöl (Erdnüsse).

1 Stück getrocknete Mandarinenschale

900 ml/1½ pts/3¾ Tassen Hühnerbrühe

5 ml/1 Teelöffel Salz

Hängen Sie die Ente 2 Stunden lang zum Trocknen auf. Die Hälfte des Öls erhitzen und die Ente darin anbraten, bis sie leicht gebräunt ist. In eine große hitzebeständige Schüssel umfüllen. Das restliche Öl erhitzen, die Mandarinenschale 2 Minuten braten und dann in die Ente geben. Die Brühe über die Ente gießen und mit Salz würzen. Stellen Sie die Schüssel auf einen Rost in einen Dampfgarer, decken Sie sie ab und dämpfen Sie sie etwa 2 Stunden lang, bis die Ente zart ist.

Ente mit Gemüse

Für 4 Personen

1 große Ente, in 16 Stücke geschnitten

Salz

300 ml/½ pt/1¼ Tassen Wasser

300 ml/½ pt/1¼ Tassen trockener Weißwein

120 ml/4 fl oz/½ Tasse Weinessig

45 ml/3 Esslöffel Sojasauce

30 ml/2 Esslöffel Pflaumensauce

30 ml/2 Esslöffel Hoisinsauce

5 ml/1 Teelöffel Fünf-Gewürze-Pulver

6 Frühlingszwiebeln (Frühlingszwiebeln), gehackt

2 Karotten, gehackt

5 cm weißer Rettich, gehackt

50 g Chinakohl, gewürfelt

frisch gemahlener Pfeffer

5 ml/1 Teelöffel Zucker

Die Entenstücke in eine Schüssel geben, mit Salz bestreuen und Wasser und Wein hinzufügen. Weinessig, Sojasauce, Pflaumensauce, Hoisinsauce und Fünf-Gewürze-Pulver hinzufügen, aufkochen und zugedeckt ca. 1 Stunde köcheln lassen. Das Gemüse in die Pfanne geben, den Deckel abnehmen und weitere 10 Minuten köcheln lassen. Mit Salz, Pfeffer und Zucker würzen und abkühlen lassen. Abdecken und über Nacht kühl stellen. Das Fett abschöpfen und die Ente in der Soße noch einmal 20 Minuten lang erhitzen.

Gebratene Ente mit Gemüse

Für 4 Personen

4 getrocknete chinesische Pilze

1 Ente

10 ml/2 Teelöffel Maismehl (Maisstärke)
15 ml/1 Esslöffel Sojasauce
45 ml/3 Esslöffel Erdnussöl (Erdnüsse).
100 g Bambussprossen, in Streifen geschnitten
50 g Wasserkastanien, in Streifen geschnitten
120 ml/4 fl oz/½ Tasse Hühnerbrühe
15 ml/1 Esslöffel Reiswein oder trockener Sherry
5 ml/1 Teelöffel Salz

Die Pilze 30 Minuten in warmem Wasser einweichen, dann abtropfen lassen. Die Stiele entfernen und die Kappen würfeln. Das Fleisch von den Knochen lösen und in Stücke schneiden. Maismehl und Sojasauce vermischen, zum Entenfleisch geben und 1 Stunde ruhen lassen. Das Öl erhitzen und die Ente anbraten, bis sie von allen Seiten leicht gebräunt ist. Aus der Pfanne nehmen. Pilze, Bambussprossen und Wasserkastanien in die Pfanne geben und 3 Minuten braten. Brühe, Wein oder Sherry und Salz hinzufügen, aufkochen und 3 Minuten köcheln lassen. Die Ente wieder in die Pfanne geben, abdecken und weitere 10 Minuten köcheln lassen, bis die Ente zart ist.

Weiße gekochte Ente

Für 4 Personen
1 Scheibe Ingwerwurzel, gehackt

250 ml/8 fl oz/1 Tasse Reiswein oder trockener Sherry

Salz und frisch gemahlener Pfeffer

1 Ente

3 Frühlingszwiebeln (Frühlingszwiebeln), gehackt

5 ml/1 Teelöffel Salz

100 g Bambussprossen, in Scheiben geschnitten

100 g geräucherter Schinken, in Scheiben geschnitten

Ingwer, 15 ml/1 EL Wein oder Sherry, etwas Salz und Pfeffer hinzufügen. Die Ente einreiben und 1 Stunde ruhen lassen. Legen Sie den Vogel mit der Marinade in eine Pfanne mit dickem Boden und fügen Sie die Frühlingszwiebeln und das Salz hinzu. So viel kaltes Wasser hinzufügen, dass die Ente gerade bedeckt ist, zum Kochen bringen, abdecken und etwa 2 Stunden köcheln lassen, bis die Ente weich ist. Bambussprossen und Schinken dazugeben und weitere 10 Minuten köcheln lassen.

Ente im Wein

Für 4 Personen

1 Ente

15 ml/1 Esslöffel gelbe Bohnensauce

1 Zwiebel, in Scheiben geschnitten

1 Flasche trockener Weißwein

Reiben Sie die Ente innen und außen mit der gelben Bohnensauce ein. Legen Sie die Zwiebel in den Hohlraum. Den Wein in einem großen Topf zum Kochen bringen, die Ente dazugeben, noch einmal aufkochen lassen und zugedeckt ca. 3 Stunden so sanft wie möglich köcheln lassen, bis die Ente weich ist. Zum Servieren abtropfen lassen und in Scheiben schneiden.

Weingedünstete Ente

Für 4 Personen

1 Ente

Sellerie Salz

200 ml/7 fl oz/1 knappe Tasse Reiswein oder trockener Sherry

30 ml/2 Esslöffel gehackte frische Petersilie

Die Ente innen und außen mit Selleriesalz einreiben und dann in eine tiefe Auflaufform legen. Stellen Sie einen ofenfesten Becher mit dem Wein in den Hohlraum der Ente. Stellen Sie die Form auf einen Rost in einen Dampfgarer, decken Sie sie ab und dämpfen Sie sie etwa 2 Stunden lang über kochendem Wasser, bis die Ente weich ist.

gebratener Fasan

Für 4 Personen

900 g Fasan

30 ml/2 Esslöffel Sojasauce

4 geschlagene Eier

120 ml/4 fl oz/½ Tasse Erdnussöl.

Den Fasan entbeinen und das Fleisch in Scheiben schneiden. Mit Sojasauce vermischen und 30 Minuten ruhen lassen. Lassen Sie den Fasan abtropfen und tauchen Sie ihn dann in die Eier. Das Öl erhitzen und den Fasan schnell goldbraun braten. Vor dem Servieren gut abtropfen lassen.

Fasan mit Mandeln

Für 4 Personen

45 ml/3 Esslöffel Erdnussöl (Erdnüsse).

2 Frühlingszwiebeln (Frühlingszwiebeln), gehackt

1 Scheibe Ingwerwurzel, gehackt

225 g Fasan, in dünne Scheiben geschnitten

50 g Schinken, gehackt

30 ml/2 Esslöffel Sojasauce

30 ml/2 Esslöffel Reiswein oder trockener Sherry

5 ml/1 Teelöffel Zucker

5 ml/1 Teelöffel frisch gemahlener Pfeffer

2,5 ml/½ Teelöffel Salz

100 g/4 oz/1 Tasse Mandelblättchen

Das Öl erhitzen und die Frühlingszwiebeln und den Ingwer anbraten, bis sie leicht gebräunt sind. Fasan und Schinken hinzufügen und 5 Minuten braten, bis sie fast gar sind. Sojasauce, Wein oder Sherry, Zucker, Pfeffer und Salz hinzufügen und 2 Minuten unter Rühren braten. Die Mandeln dazugeben und 1 Minute lang anbraten, bis die Zutaten gut vermischt sind.

Wildbret mit getrockneten Pilzen

Für 4 Personen

8 getrocknete chinesische Pilze

450 g Hirschfilet, in Streifen geschnitten

15 ml/1 EL Wacholderbeeren, gemahlen

15 ml/1 Esslöffel Sesamöl

30 ml/2 Esslöffel Sojasauce

30 ml/2 Esslöffel Hoisinsauce

5 ml/1 Teelöffel Fünf-Gewürze-Pulver

30 ml/2 Esslöffel Erdnussöl (Erdnüsse).

6 Frühlingszwiebeln (Frühlingszwiebeln), gehackt

30 ml/2 Esslöffel Honig

30 ml/2 Esslöffel Weinessig

Die Pilze 30 Minuten in warmem Wasser einweichen, dann abtropfen lassen. Entfernen Sie die Stiele und schneiden Sie die Kappen in Scheiben. Das Wildbret in eine Schüssel geben. Wacholderbeeren, Sesamöl, Sojasauce, Hoisinsauce und Fünf-Gewürze-Pulver vermischen, über das Wildbret gießen und unter gelegentlichem Rühren mindestens 3 Stunden marinieren. Das Öl erhitzen und das Fleisch in der Pfanne 8 Minuten braten, bis es gar ist. Aus der Pfanne nehmen. Frühlingszwiebeln und Pilze in die Pfanne geben und 3 Minuten braten. Das Fleisch mit Honig und Weinessig wieder in die Pfanne geben und unter Rühren erhitzen.

Gesalzene Eier

Das sind 6

1,2 l/2 Punkte/5 Tassen Wasser

100 g Steinsalz

6 Enteneier

Wasser und Salz zum Kochen bringen und rühren, bis sich das Salz aufgelöst hat. Abkühlen lassen. Gießen Sie das Salzwasser in ein großes Glas, fügen Sie die Eier hinzu, decken Sie es ab und lassen Sie es einen Monat lang ruhen. Kochen Sie die Eier, bevor Sie sie mit dem Reis dünsten.

Soja-Eier

Für 4 Personen

4 Eier

120 ml/4 fl oz/½ Tasse Sojasauce

120 ml/4 fl oz/½ Tasse Wasser

50 g/2 Unzen/¼ Tasse brauner Zucker

½ Kopfsalat, gehackt

2 Tomaten, in Scheiben geschnitten

Die Eier in einen Topf geben, mit kaltem Wasser bedecken, aufkochen und 10 Minuten kochen lassen. Abgießen und unter fließendem Wasser abkühlen lassen. Geben Sie die Eier wieder in die Pfanne und geben Sie Sojasauce, Wasser und Zucker hinzu. Zum Kochen bringen, abdecken und 1 Stunde köcheln lassen. Den Salat auf einem Servierteller anrichten. Die Eier vierteln und auf den Salat legen. Mit Kirschtomaten garniert servieren.

Tee-Eier

Für 4–6 Personen

6 Eier

10 ml/2 Teelöffel Salz

3 chinesische Teebeutel

45 ml/3 Esslöffel Sojasauce

1 Zehe Sternanis, zerbrochen

Die Eier in einen Topf geben, mit kaltem Wasser bedecken, langsam kochen lassen und 15 Minuten köcheln lassen. Vom Herd nehmen und die Eier in kaltes Wasser legen, bis sie abgekühlt sind. 5 Minuten ruhen lassen. Die Eier aus der Pfanne nehmen und die Schalen vorsichtig aufschlagen, aber nicht entfernen. Die Eier zurück in die Pfanne geben und mit kaltem Wasser bedecken. Die restlichen Zutaten hinzufügen, aufkochen und 1½ Stunden köcheln lassen. Abkühlen lassen und die Schale entfernen.

Eiercreme

Für 4 Personen

4 geschlagene Eier

375 ml/13 fl oz/1½ Tasse Hühnerbrühe

2,5 ml/½ Teelöffel Salz

1 Frühlingszwiebel (Frühlingszwiebel), gehackt

100 g geschälte Garnelen, grob gehackt

15 ml/1 Esslöffel Sojasauce

15 ml/1 Esslöffel Erdnussöl (Erdnüsse).

Alle Zutaten außer dem Öl in einer tiefen Schüssel vermischen und die Schüssel in eine mit 2,5 cm/1 Zoll Wasser gefüllte Auflaufform stellen. Abdecken und 15 Minuten dämpfen. Das Öl erhitzen und über die Vanillesoße gießen. Abdecken und weitere 15 Minuten dämpfen.

Gedämpfte Eier

Für 4 Personen

250 ml/8 fl oz/1 Tasse Hühnerbrühe
4 Eier, leicht geschlagen
15 ml/1 Esslöffel Reiswein oder trockener Sherry
5 ml/1 Teelöffel Erdnussöl.
2,5 ml/½ Teelöffel Salz
2,5 ml/½ Teelöffel Zucker
2 Frühlingszwiebeln (Frühlingszwiebeln), gehackt
15 ml/1 Esslöffel Sojasauce

Die Eier mit Wein oder Sherry, Öl, Salz, Zucker und Frühlingszwiebeln leicht verquirlen. Die Brühe erhitzen, dann langsam unter die Eimischung heben und in eine flache Auflaufform gießen. Stellen Sie das Gericht auf einen Rost in einen Dampfgarer, decken Sie es ab und dämpfen Sie es etwa 30 Minuten lang über kochendem Wasser, bis die Mischung die Konsistenz einer dicken Vanillesoße hat. Vor dem Servieren mit Sojasauce bestreuen.

www.ingramcontent.com/pod-product-compliance
Lightning Source LLC
Chambersburg PA
CBHW071333110526
44591CB00010B/1131